TAIJIQUANDAO

QUANJIA YU ZHAOFA

太极拳道

拳架与着法

山新楼 著

人民体育出版社

图书在版编目（CIP）数据

太极拳道：拳架与着法/山新楼著. —— 北京：人民体育出版社，2023（2024.5重印）
ISBN 978-7-5009-6278-6

Ⅰ.①太… Ⅱ.①山… Ⅲ.①太极拳—套路(武术) Ⅳ.①G852.11

中国国家版本馆CIP数据核字(2023)第041685号

*

人民体育出版社出版发行
北京中科印刷有限公司印刷
新 华 书 店 经 销

*

787×1092　16开本　17印张　316千字
2023年11月第1版　2024年5月第2次印刷
印数：3,501—5,000册

*

ISBN 978-7-5009-6278-6
定价：58.00元

社址：北京市东城区体育馆路8号（天坛公园东门）
电话：67151482（发行部）　　　邮编：100061
传真：67151483　　　　　　　　邮购：67118491
网址：www.psphpress.com

（购买本社图书，如遇有缺损页可与邮购部联系）

作者与国际武联执委、亚武联副主席、中国武术协会副主席、国家武术散打队领队、陕西省武术协会常务副主席、西安武术协会主席田苏辉（右）合影

作者与陕西省武术运动管理中心主任贾坤（中）、副主任肖关纪（左二）、副主任冯建国（右一），陕西省武术协会办公室主任武双安（左一）合影

作者与陕西省武术运动管理中心原常务副主任潘红军（左二），西安市武术协会常务副主席方秀敏（右三），西安市太极拳道协会等领导合影

作者与西安市武术协会常务副主席
方秀敏先生（右）、恩师郑琛先生（中）合影

作者与第四届世界传统武术锦标赛裁判员
肖关纪（右一）、郝芳娟（中）在武当山合影

陕西省武术运动管理中心副主任肖关纪（左三）带领
武术名家及裁判员郝芳娟（右四）、高玲欣（右三）、
种加林（右二）、王玮（右一）来西安电子
科技大学赛前指导工作合影

作者与中国武术八段、杨式太极拳代表
人物赵幼斌（右）老师合影

陕西省武术协会代表队领队宋斌（后排左七）、教练员肖关纪（后排左八）与武术段位制国考队员合影

作者与中国武术八段、和式太极拳代表人物和有禄（左）老师合影

作者与陕西地方拳名家谭应奎（中）、李海民（右）在武当山合影

作者与赵堡太极拳名家李随成（左四）、王玮（左二）、张萍（左三）、朱丽萍（右一）参加赵堡镇郑悟清诞辰120周年活动合影

作者与助教赵晓玲女士对练展演

作者与陕西省武术院副院长阎锋（左一）、陕西武术近十年竞赛编排长陈建（中）交流合影

作者与书中着法运用陪练、西安财经大学体育教师、作者的师弟安乃明（左）合影

作者在西安电子科技大学教学示范

天地一太极人体亦太极以吾身之太极合天地之太极

太极拳道传人 周黎明

尊师重道爱拳恒持久 恭亲仁谦追寻宏拳道

山新楼师兄清赏
辛丑年清和月于长安 王锋怀敬书

作者的师兄周黎明题字

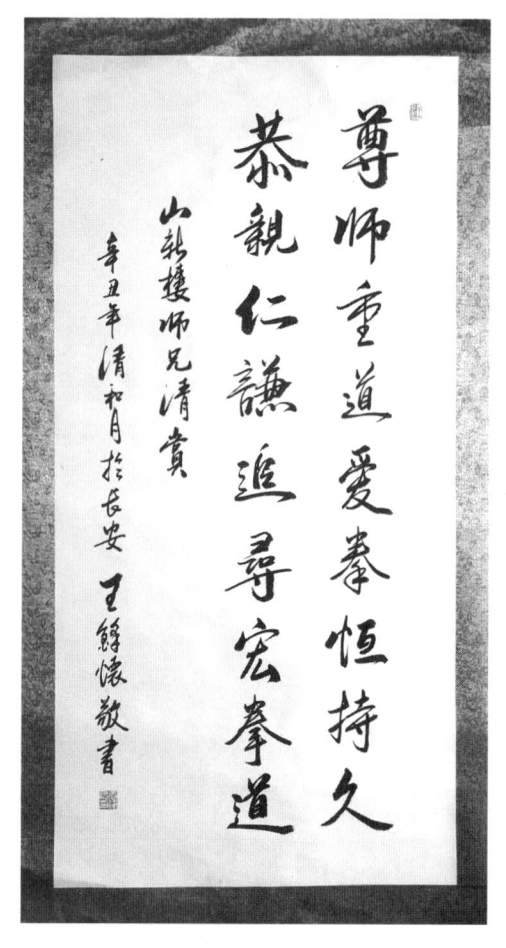

作者的师弟王锋怀题字

序 一

小山，姓山，名新楼，户县（现为西安市鄠邑区）人氏，是我最心爱的弟子之一。我们在一个学校工作，是校友又是同事。20世纪80年代户县师范毕业分配到大学（原西北电讯工程学院，现为西安电子科技大学）工作至今。在我校附属小学任体育教师，工作期间在西安体育学院进修。

数年来，他为人诚恳，踏实工作，努力钻研业务。由一名普通教师晋升为教学组长、副校长、附属小学书记，后来兼任西电附小悦美分校书记。他在教学岗位上曾获得多项殊荣。

现为中国武术七段，任陕西省武术协会武术段位和式太极拳指导员和考评员、西安市太极拳道协会会长、西安电子科技大学教职工武术协会主席。

他响应国家"武术进校园"的号召，除了亲自教授武术外，还创编武术操用于学校的课间操阳光体育活动，自己动手编写附小小学生武术校本教材，以提高学生对武术的兴趣，另外还聘请武术专业教师进校园从事武术社团教学工作。为促进小学生热爱武术、增强体质作出了积极的贡献，受到了省武协会的表彰和家长的爱戴。

近年来国家提倡全民健身活动，他也积极投身其中。西安电子科技大学成立教职工武术协会，他被聘任为首届武协主席。他积极组织教职工练习太极拳，为提高教职工的健康水平作出了贡献，其无私奉献精神有目共睹。

十年前，在省、市武术协会的领导和支持下，西安市太极拳道协会成立，他荣任首届会长。十年来，他积极组织协会开展活动，每年有一次年会，五年有一次全国范围的功理功法研讨会。他努力学习中国传统武术文化，尽心尽力传承太极拳道，为太极拳道的发扬光大作出了卓有成效的贡献。他还担任陕西省武术段位指导员和考评教师，他的举动受到省、市武术协会领导的认可，也获得大家的一致好

评，并多次被省、市武协评为先进个人。

自20世纪80年代以来，为提高教职工的身心健康水平，在学校领导的关心支持下，西安电子科技大学工会组织教职工开展"拳、剑、操"活动。我当时受聘为"拳"（太极拳）的业余教练。小山那时开始随我学练赵堡太极拳，经过几年的接触，他正式拜师，成为我早期的弟子之一。

三十多年的接触交往，我们感情至深，虽名曰"师徒"，实则情同手足。他为人正直、率真、敦厚、诚实，做事认真负责、一丝不苟，不计个人得失，不图名利，默默奉献，踏实肯干，敢于担当。他练功笃行奋进，刻苦钻研；意志超强，敢于实践；体悟细微，善于总结；青出于蓝而胜于蓝。他代师授艺，认真细致，一丝不苟，循循善诱，总是让拳友、师兄弟容易领会、很快上手。他热心为大家服务，获得师兄弟及拳友的衷心拥护和感谢。

我记得，当我写第一本书《太极拳道》时，是很不容易的。他为了协助我出书，自购电脑学习打字。我写一篇，他打一篇。我校对，他再打字修改。刚开始我写他打往返多次，成稿尚慢，到后来他的打字速度提高极快，准确率极高，变成催我要稿子。就这样我们师徒俩亲密合作写出了这本书。在正式出版这本书的时候，他甚至调动家里亲人协调关系方便往来。当时，也有很多弟子为本书的出版出钱出力，给予大力支持。小山功不可没，大家鼎力相助，我心有感激，永远铭记。后来又陆续出书，就方便多了。人民体育出版社约我出书，再后来，出视频光盘，都离不开小山的努力和众弟子的协助。

这次，小山拿来《太极拳道：拳架与着法》的书稿请我写序，我很是高兴，同时也让我浮想联翩。

拿到此书后，我细细品读过一遍，有些地方还曾认真斟酌一番，我感觉很有特色。小山是体育教师出身，有极好的专业素养。他按照专业教学的方法，让学者便于理解、学习、接受。写得很专业，是一本不可多得的专业教材，同时又是大众学习的普及性教科书。我理解本书的中心思想，就是适应武术进校园和全民健身活动，对于武术爱好者也是极好的福音。本书把"拳架"和"着法"紧密联系起来，以便提高学者深入学练的兴趣。

拳架部分，从两方面来阐述。一是分解教学。把拳架的连贯动作拆分开来，进行量化定形。一段一段，一节一节，一式一式，方便初学者学习，简捷明了；一招一式，分清方向，找准定位，便于记忆，方便初学者学习，使学者很快步入正轨。

二是完整教学。把分解的动作连贯起来，说明了每式几个圈，一个圈又是有几次步法身法转换和重心变化，如何掌握动态平衡等要领法则，使学者可以深入体悟其中奥妙，引发学者不断提高练习的兴趣。同时，本书从不同角度叙述，图文并茂，便于模仿。在"着法"部分，他又找了一位我心爱的弟子安乃明（西安体育学院武术专业毕业的本科生，现为西安财经大学体育系老师）作为搭档。他们以推手的形式为主，也有散手中的应用，将"拳架"里的招式在"着法"应用中解读出来。基本上把太极拳道的上下步推手形态方式和相关散手的运用方法，在两人的配合模拟训练中演绎出来。虽然太极拳道的"拳架""着法"千变万化、无有穷尽，需要学者在实际演练中不断熟练提高，但本书基本上反映了太极拳道初期"着熟"阶段训练的基本要求。可以说是修炼太极拳道入门不可多得的捷径，非常可贵，值得推荐。

　　为了本书出版，小山真是尽心尽力。他为社会做了一件大好事、大善事，普惠众生，功德无量！

郑　琛

2021年4月14日

序 二

山新楼先生著作《太极拳道：拳架与着法》即将付梓，约我写序，欣喜之余，思绪渐渐进入一段美好的回忆……

2010年我因事拜访太极名家郑琛先生，先生举荐了他的得意弟子山新楼先生。初次见面就觉得山新楼先生平易近人，诚实厚道。简单交流后，发现我们既是同龄人又是老乡，并且志同道合，相谈甚欢，于是我便对他以"山兄"相称。

山新楼先生曾是西安电子科技大学附小副校长兼党委书记，现在西安电子科技大学附小悦美分校任党支部书记。他师德高尚，教法灵活多样。在武术进校园中，积极在小学开展武术活动，并将学校的课间操改为武术操，充分实现了"武术从娃娃抓起"的美好愿望，多次获得省武术工作推广先进个人荣誉称号。

山新楼先生是西安太极拳道协会会长，自小喜爱体育，吃苦训练，提高体能。拜师郑琛先生门下至今，学习师父高风亮节和精湛的拳艺，不管严寒酷暑，无论晴天雨日，每日闻鸡起舞，拳不离手。西安太极拳道协会每年组织十多次活动，他每次都亲力亲为；尤其是郑琛先生每次讲拳论道，他都亲自制作视频，回家后依照视频一字一句整理成文稿保存下来。协会每五年举办一次大型的太极拳道功理功法研讨会，编纂一本论文集，全国各地太极拳道会员前来参会。现已举办三次研讨会，出版三本论文集。郑琛先生关于太极拳道研究的经典言论就收集在三本论文集里。这点点滴滴凝聚了山新楼先生多少心血！这些宝贵的资料对传承祖国传统文化是多大的贡献啊！

我自幼酷爱武术，1976年7月进入陕西省武术队，先后随三秦武坛名家马振邦、白文祥、徐毓茹、高西安等老师学习武术，在全国武术十届全能冠军赵长军师兄的指导下，技艺得以更上一层楼。20世纪90年代初退役之后，从事武术教学工作。

2002年在陕西省武术运动管理中心从事武术行政管理工作,当年初开始担任省武术运动管理中心社会部部长。2005年初任省武术协会副秘书长,省武术段位制办公室主任,省传统武术挖掘整理办公室主任,省武术协会办公室主任,武术院馆校工作指导委员会主任,中国武术协会传统武术委员会连续三届委员等职务。自从结识山新楼先生后,他工作兢兢业业,认真负责,乐于奉献,精通体育较多项目,擅长太极拳,让我为之钦佩。我的工作也正需要这样的人才,所以,在我多次组织的陕西省武术段位通段大赛上,山新楼先生被聘为省和式太极拳的代表人物,他担任和式太极拳段位指导教师和考评员时,其高尚的品德和过硬的本领曾得到通段大赛组委会领导、裁判员以及考段人员的一致认可和好评。陕西省武术协会无论有什么活动,他都随叫随到,尽职尽责,为武术协会做出了出色的成绩,因而连续多年都被陕西省武术协会评为年度先进个人。

《太极拳道:拳架与着法》书稿洋洋洒洒几十万字,比古论今,既有师承又有创新,理明技精,多有独到之处,尤其在继承传统训练基础上总结了太极拳道拳架与着法相辅相成教学的理论体系,说之有据,论之有理,深入浅出,循循善诱,把太极爱好者引入高级的人体艺术殿堂。郑琛先生创编的通脊功教学视频,也得到郑老师的授意,由山新楼整理文字和插图。整本书图文并茂,解说详尽,生动形象,便于学习领会,为武术惠民和健康养生工程作出了重要的贡献,我为他付出的努力点赞,也相信这本书必将给学习太极拳道的广大读者带来裨益。

肖关纪
2021年4月23日

前 言

　　恩师郑琛先生所著《太极拳道》一书自2000年1月正式出版，距今已经二十多年了。20多年来，先生对太极拳道功理功法的研究更为精细、更为科学。他苦心孤诣，求真务实，从中华武术的本源出发，大胆假设，小心求证，奋力探索太极拳道的至高境界。先生将太极拳的精髓领悟到了极致，也发挥到了极致，其深不可测，其广不可量。他提出的太极拳新理念，既有传承，也有发展，其功大矣，其德高矣。

　　随着20年来社会的飞速进步和发展，太极拳道与时俱进，在拳架套路方面更加追求划圈走圆、轻灵圆活、连绵不断、意境高远。这对已经学过并坚持习练的拳友们来说受益匪浅，但是对于初学者来讲，总会感觉茫然无措，不知从何下手。如何才能让初学者明白拳架中一招一式的分解动作？如何自我判断每一个动作是否到位？如何将太极拳道的学习化繁为简，由难到易，循序渐进，学有所获？对此，一本图文并茂、通俗易懂的太极拳道拳架与着法教学用书，既是恩师多年来的心愿，也是所有爱好者的共同期盼。

　　笔者从1991年拜恩师郑琛门下至今，无论春夏秋冬，严寒酷暑，每日闻鸡起舞，拳不离手。在师父的恩准下，我代师授艺，广结拳友，从2000年至今，先后有全国各地包括海外的数千人跟随我习拳练武。年复一年、日复一日，从理论到实践，再由实践到理论，我不断积累、强化、完善太极拳道的教学理念和教学方法。于是，《太极拳道：拳架与着法》一书的理论体系、框架结构和篇章布局在我脑海里也越发清晰、越发通透。

　　常言道，"凡事预则立，不预则废"。为了达到内容与形式的完美统一，我先后自学了摄影、计算机绘图、文字排版、视频拍摄与制作，并将其融会贯通到书中的一文一图、一字一句中。历经三年的笔耕不缀，这本《太极拳道：拳架与着法》终于问世。

本书分三章内容，第一章为拳架教学，第二章为着法应用，第三章收录了郑琛恩师2014年5月创编的通脊功。他创编通脊功的目的，主要是对人体脊椎进行合理科学的锻炼，以弥补拳架中因为保证身法中正而不能前后俯仰、不能左右弯曲，故使脊椎锻炼受到一定限制的不足，从养生健身和技击的用途来说，也会有很大的帮助。此部分内容由郑琛先生视频演练。根据恩师的授意，由我根据视频整理成文字并进行视频截图，再仿照截图由我演练拍成图片插入文稿中，作为本书的一部分。将通脊功内容放入本书，其目的是让学者共勉，使大家共同受益。

本书采取分解教学法和完整教学法。其核心理念是：让新学的拳架每一个动作的定势，与现在完整演练的拳架在空间的停留动作方向一致。当分解动作练熟了，就会逐渐减少在定势动作上的停留时间，让初学者感觉更加连贯、没有空隙，就如同一个圆由360个刻度组成一样。初学者有刻度是为了强化动作的标准性，体会手脚一致和到位的感觉。正如书中所呈现出来的，每一张静态的拳照图片，配以文字描述的动作要领，再加上动作运行方向的路线图，最后再附以自己数十年如一日完整演练的感悟和要求，令人一目了然、心领神会。

本书保留了《太极拳道》的基本内容，结合恩师郑琛先生多年的功力功法，特别是近年来的练拳体悟，对原书中的动作做了相应调整，但其一招一式都是按照恩师提出的理论指导来完成的。感恩师父多年来的信任、支持和教导；感恩我的师弟——西安财经大学教师安乃明先生的全心陪练；感恩各位师叔、师兄弟们对我的支持和鼓励；感恩太极拳道协会，感恩生活中给予我帮助的每一个人。这是我们共同的作品。

"艺无止境，拳无止境"。恩师郑琛先生开创的"太极拳道无境派"也是无止境的。先生常说：以拳入道，以拳入境，我们做一切事情都要符合大道，不违背大自然的生存法则。

人生匆匆，一生短暂。行走在大唐长安的繁华盛景中，徜徉于太极拳道行云流水的一呼一吸之间，心若在，梦就在。我知道，对于正在捧读此书的您来说，太极情结是永远也解不开的，一朝入梦，终生不醒。

《太极拳道：拳架与着法》付梓在即，一卷在手，墨香怡人，照章学练，感怀在心：中华太极，这座中华民族的千年文化瑰宝，其道法自然、天人合一和悠远深沉尽在其中。

感谢我在武术生涯中遇到的三位贵人！第一位是西安市太极拳道协会终身顾

问郑琛先生，他把终生所学和自己多年感悟印证的太极精髓毫无保留传授给我，并且教会了我做人的大道理。第二位是陕西省武术运动管理中心副主任肖关纪先生，正因为有他牵线搭桥才使我与省、市武协建立了深厚感情。第三位是西安市武术协会常务副主席方秀敏先生，他帮我出谋划策，并为注册西安市太极拳道协会付出了心血。在两位省、市武协领导的关心下，太极拳道才有了今天的壮大和发展，在他们的精心帮助下，我的个人能力得到了大提升。感谢郑瑄技术指导和王生运的插图摄影工作；感谢肖阿娟、吕群的文稿整理工作；感谢西安电子科技大学体育部于少勇、白光斌两位部长在我退休后返聘我为大学生体育课教授太极拳；感谢恩师郑琛先生和肖关纪先生，他们能在百忙中为我的书写序并送上吉祥的祝福。

谨以此书，致敬过去、现在和未来！

谨以此书，致敬所有热爱太极的人们！

山新楼

2021年4月于终南山

目 录

壹 太极拳道拳架教学 …………………………………（1）

◎太极拳道拳架名称 …………………………………（3）
◎太极拳道拳架教学 …………………………………（4）

贰 太极拳道着法应用 …………………………………（116）

◎第 一 式 起势 …………………………………（117）
◎第 二 式 金刚三大对 …………………………………（120）
◎第 三 式 懒插衣 …………………………………（125）
◎第 四 式 白鹤亮翅 …………………………………（129）
◎第 五 式 单鞭 …………………………………（131）
◎第 六 式 合手左白鹤亮翅 …………………………………（134）
◎第 七 式 斜行 …………………………………（139）
◎第 八 式 手挥琵琶 …………………………………（142）
◎第 九 式 摇步 …………………………………（144）
◎第 十 式 上步金刚 …………………………………（146）
◎第十一式 退步伏虎 …………………………………（148）
◎第十二式 擒拿 …………………………………（150）
◎第十三式 串捶 …………………………………（151）
◎第十四式 肘底藏捶 …………………………………（152）

◎第十五式　倒捲肱……………………………………………（153）
◎第十六式　闪通背（海底针闪通背）…………………………（157）
◎第十七式　云手………………………………………………（160）
◎第十八式　左高探马…………………………………………（163）
◎第十九式　右插足……………………………………………（167）
◎第 二十 式　右高探马…………………………………………（168）
◎第二十一式　左插足…………………………………………（169）
◎第二十二式　踏脚侧蹬跟……………………………………（170）
◎第二十三式　摇步……………………………………………（171）
◎第二十四式　青龙探海………………………………………（173）
◎第二十五式　鹞子翻身………………………………………（175）
◎第二十六式　分门桩抱膝……………………………………（177）
◎第二十七式　踏脚前蹬跟……………………………………（177）
◎第二十八式　分马掌…………………………………………（178）
◎第二十九式　掩手捶…………………………………………（181）
◎第 三十 式　抱头推山…………………………………………（183）
◎第三十一式　前后照…………………………………………（185）
◎第三十二式　野马分鬃………………………………………（188）
◎第三十三式　玉女穿梭………………………………………（191）
◎第三十四式　童子拜佛………………………………………（194）
◎第三十五式　跌叉……………………………………………（196）
◎第三十六式　扫堂腿…………………………………………（197）
◎第三十七式　左金鸡独立……………………………………（197）
◎第三十八式　右金鸡独立……………………………………（199）
◎第三十九式　十字单摆脚……………………………………（200）
◎第 四十 式　吊打指裆捶………………………………………（204）
◎第四十一式　右砸七星………………………………………（205）
◎第四十二式　擒拿……………………………………………（207）
◎第四十三式　回头看画………………………………………（209）
◎第四十四式　跨虎……………………………………………（210）

◎第四十五式　弯弓射虎……………………………………（212）
◎第四十六式　收势………………………………………（213）

叁 郑琛通脊功……………………………………（215）

◎通脊功简介………………………………………（217）
◎通脊功动作名称…………………………………（220）
◎通脊功图解附……………………………………（221）
◎附：郑琛拳论书法………………………………（247）

壹　太极拳道拳架教学

太极拳道拳架名称

第 一 式　起势
第 二 式　金刚三大对
第 三 式　懒插衣
第 四 式　白鹤亮翅
第 五 式　单鞭
第 六 式　斜金刚
第 七 式　合手左白鹤亮翅
第 八 式　斜行
第 九 式　手挥琵琶
第 十 式　摇步
第 十一 式　斜行
第 十二 式　转身手挥琵琶
第 十三 式　摇步
第 十四 式　上步金刚
第 十五 式　退步伏虎
第 十六 式　擒拿
第 十七 式　串捶
第 十八 式　肘底藏捶
第 十九 式　倒捲肱
第 二十 式　合手左白鹤亮翅
第二十一式　斜行
第二十二式　闪通背（海底针）
第二十三式　白鹤亮翅
第二十四式　单鞭
第二十五式　云手
第二十六式　左高探马
第二十七式　右插足
第二十八式　右高探马
第二十九式　左插足

第 三十 式　踡脚侧蹬跟
第三十一式　摇步
第三十二式　青龙探海
第三十三式　鹞子翻身
第三十四式　分门桩抱膝
第三十五式　踡脚前蹬跟
第三十六式　分马掌
第三十七式　掩手捶
第三十八式　抱头推山
第三十九式　白鹤亮翅
第 四十 式　单鞭
第四十一式　前后照
第四十二式　野马分鬃
第四十三式　玉女穿梭
第四十四式　白鹤亮翅
第四十五式　单鞭
第四十六式　云手
第四十七式　童子拜佛
第四十八式　跌叉
第四十九式　扫堂腿
第 五十 式　左金鸡独立
第五十一式　右金鸡独立
第五十二式　绕环按蹦
第五十三式　倒捲肱
第五十四式　合手左白鹤亮翅
第五十五式　斜行
第五十六式　闪通背（海底针）
第五十七式　白鹤亮翅
第五十八式　单鞭

第五十九式	云手		第六十八式	单鞭
第 六 十 式	十字单摆脚		第六十九式	左砸七星
第六十一式	吊打指裆捶		第 七 十 式	擒拿
第六十二式	金刚三大对		第七十一式	跨虎
第六十三式	懒插衣		第七十二式	双摆脚
第六十四式	右砸七星		第七十三式	弯弓射虎
第六十五式	擒拿		第七十四式	金刚三大对
第六十六式	回头看画		第七十五式	收势
第六十七式	白鹤亮翅			

太极拳道拳架教学

第一式　起势

一、分解教学

1. 预备势

两脚平行开立，与肩同宽，脚尖向前，脚掌轻踩地面，重心落在脚弓连线的中点上，以自然舒适为度。面向正东，虚领顶劲，下颌微收，和身体中轴线夹角45°，两眼平视正前方，要求眼渺视。两耳后裹，鼻尖对准肚脐，嘴轻轻合闭，牙齿轻叩，舌轻抵上腭，呼吸自然，分泌津液自动咽下。（图1-1）

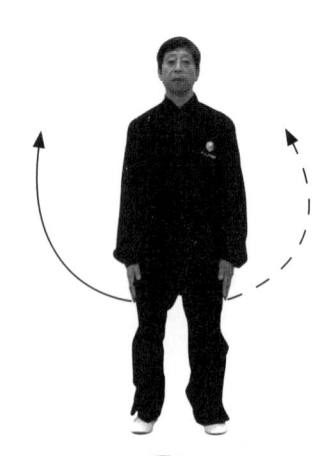

图1-1

要领

百会穴轻上领，使颈项竖直，精神领起。空胸实腹，含胸拔背，正腰落胯，收腹吊裆裹臀，气沉丹田。松胯、松膝、松踝。脊椎上领下坠对拉，骨节节节贯穿拔长，符合人体生理弯曲度。自上而下、自外而内、自前而后充分感受地球的引力。自然腹式呼吸，静心凝神。

沉肩坠肘，上肢下垂在腿外侧，两掌贴于裤缝，拇指与食指并拢，除拇指外，其余四指自然散开稍许，手掌伸直，指尖向下，掌心向腿。

两腿自然弯曲站立，胯膝松灵，举动移步才能轻灵。全身关节处处似夹气球，富于弹性，随时便于运转。浑身透空，从上至下节节放松，无一处不自然，处处合乎规矩，外示安逸，内固精神。

2. 上步开合

外开手：两臂微弯曲，两掌从体侧上提，微外旋，双手上提高过肩侧；同时左脚向前上一步。（图1-2）

图1-2

图1-3

里合手：双手过肩后再内旋向上划弧至头顶百会穴上方，两手中指尖相触，两肘内夹，前臂上下摆顺；同时左脚随两臂上划向前上步，脚掌着地，脚尖向前，右脚跟微微离开地面，重心随之移到左脚，犹如大鹏展翅，有飞腾之意，展翅过程中，内气自然贴脊背由下上行；呼吸自然，展翅时自然吸气。（图1-3）

3. 气沉丹田

两肘下沉带动两掌从头顶向下划弧自然下落于胸前；同时右脚上步和左脚平行，右脚前掌着地。（图1-4）

图1-4

两手继续下落至腿侧，右脚跟随之落地踏实，双手边下落，边头领身长，犹如雨后春笋，欲出地面，脱俗而出。（图1-5）

身体向上慢慢长起带领左腿逐渐站直，但外形不能流露内意，外观仍以自然为度，不可有丝毫牵强附会之态，纯是一片神形，自然而然。呼吸自然，内气随外形之动作，从头顶落于丹田，自然形成一个大小周天。拳论曰"牵动往来气贴背"，"腹内松净气腾然"。重心慢慢落于右脚，但两脚不可站煞，随时有腾挪之意。

图1-5

要领

头要领起，骨节放松，呼吸自然，手向中线合。

二、完整教学

上左脚，双手向上划弧至头顶；上右脚，双手下落至腿侧，上下做到手到脚到，意到劲到，一气呵成。

意念：保持身体中正放松，脊椎骨上领下坠，松腰落胯骨节拔长，感受劲路传递。气血走了一个从背后督脉上行过头顶再从腹前任脉落下的小周天循环。

第二式　金刚三大对

一、分解教学

1. 左金刚抄手

重心前移，左脚前上一步，成左弓步。左脚在前，距右脚一小步（即自己平时行走的步幅），全脚掌着地，脚尖内扣约15°在身中轴延长线上，小腿和地面垂直（膝盖不能超过小腿垂直线）。右脚在后，前脚掌着地，脚后跟略离地面，富有弹性，脚尖向前，双脚尖延长线相交，以便增加攻击之合劲。

左腿随脚前上，膝要有上纵之意，小腿要有蹚泥之感，胯关节松动前催，膝微内扣，胯微内裹，和脚配合好，共同保护好下盘，严防敌之进击。

右腿在后，膝微屈，小腿自然伸直增加弹力以为左腿之后盾，也要裹胯裹膝和右脚内扣配合，防止下盘中堂进击。

在上左步的同时，两掌带臂随势向上弧形上抄，不可有下坐之意，左手在前，指尖同头高，右手指尖同鼻高，掌心向里，中指和前臂中轴线保持一致，左手与右手相距一前臂远，其肘关节夹角左臂大于135°，右臂小于135°。腋下夹角左臂大于45°。（图1-6）

肩与胯上下对照，在一个平面内，才有支撑力，要做到"外三合"，即手与脚合、肘与膝合、肩与胯合。两手中指的延长线和两脚尖的延长线在意念中要聚焦一点，这是合劲发放的基础，也是防守的关键所在，不可轻视。

图1-6

头部中正，下颌微收，护住咽喉。前额前顶，重心可领。鼻尖对准中线，防止左歪右斜。眼平视略向前看，但不能露神。牙齿要叩，舌顶上颚。

呼吸自然，不能憋气。全身放松，举动自然轻灵。内气由丹田起贴背上行，一部分随手前伸而经肩肘手向前传递，一部分从身前中线下落丹田会聚，并有部分到脚前掌。全身如充满气之大球，支撑八面，兼顾四方，行气如九曲珠无微不至。

2. 右金刚劈手

两手向上领起，左手与头同高，右手高过头顶，掌心相对。（图1-7）

右脚尖右转135°，面向西南，重心随之向右移动，左脚接着右转约135°。右胯带动右脚右转，左胯带动左脚右转，右脚在前，左脚在后，两脚尖均内扣，其脚尖延长线和身体中轴线在身前中线之延长线相交。两踝关节稳固，右膝前弓，有上纵之意，其腿弯处夹角约135°。左膝微弯，小腿自然伸直，脚跟微离地，前脚掌着地，有脚踩弹簧如张弦之箭，随时有腾挪闪展之意。两膝两胯都有前裹之意方能内气前聚，随时有前纵之意，并自动形成下肢兼护下盘之责，才能不被敌攻击，做到攻防兼备。

图1-7

左脚随右脚右转135°，双掌随右转由前上向右后侧下劈。右掌在前同头高，左掌在后同鼻高，两手前后距离一前臂长，指尖向前上方，拇指侧朝上。右臂肘弯夹角大于135°，腋下夹角大于45°。左臂肘弯夹角小于135°，腋下夹角小于45°。两手中指尖前后相照，其延长线和身前中线相交，手、脚、鼻尖三尖在前方要聚焦，形成攻

防兼备的右金刚式的基本姿势。手脚、肘膝、肩胯要做到外三合。（图1-8）

浑身透空，无一处不松灵，意念随时有一触即动之态，灵变自然，能够应付各种复杂局面。但又要不显山不露水，外看自然，内含杀机。

3. 左弓步前撩掌

两手由胸前自然下落至两腿根，双脚左转135°，重心左移，左脚全脚掌落地，脚跟有离地之意，右脚脚前掌着地，脚跟略微离地，左脚尖内扣，右脚尖向前成左弓步。两踝关节稳固，两脚依次左转，膝与胯有内裹之意，扣住劲，膝有上纵之意，膝胯与脚要上下相合，似弹簧随时可以启动。

两掌从后向下、向前弧形前撩，划到小腹前，护住裆部，掌心向前，指尖向前下方，两臂松沉下坠，这时完成第一圈。（图1-9）

图1-9

图1-8

4. 上托后坐

重心继续前移，左膝继续前弓，右腿蹬伸，脚形不变，当左膝尖将要超出左脚尖时，重心后移，左腿缓慢后伸，右腿屈膝后坐，重心落到右脚上。左脚前掌微抬起，右脚跟落地，全脚支撑体重。此时，两膝仍要内扣，两胯内扣并后坐，有熊蹲虎坐之态势，能支撑八面，照顾四方。

身体随重心后移，上身坐直，躯干节节下落，内气也随之节节贴背下行至尾骨，臀部不超过右脚跟。两臀向后坐时，有由下向上翻裹之意，从而带动两大腿有内裹之感，双膝扣住劲，护好中下部。上身仍要中正下坐，含胸拔背，收腹裹臀。右膝下坐之夹角不能小于135°，否则不利于下部启动，不能站煞。

两掌随重心后移逐渐上捧后收至脸前，两肘弯夹角小于90°，两手基本并拢，手指向上，手心向内，如洗脸之势。（图1-10）

图1-10

5. 翻手前按

接上动，两掌再向后逐渐随脊柱向后下落，重心落在右脚，双手也落至裆前，这时完成第二圈。（图1-11）

重心前移，此时尾椎下压，胯向上翻，带动脊椎从腰椎向胸椎推送劲力，右脚慢慢蹬地向前送劲，左腿逐渐前弓。左脚全脚掌着地，右脚前掌着地，脚尖均内扣，带双膝双胯内裹，其双腿要有护下盘之意。当左脚落实时，右脚向前跟一步和左脚平行。同时，头顶上领，身体逐渐站直，两手内翻并夹肘，向前上慢慢推按至胸前。（图1-12）

上体姿势要求不变，唯两肘微微向内合住劲向前送劲，以助双掌之按劲，整个身法是由后坐逐渐向前站起，其轨迹是弧形向上，此时内气随前按之势聚集下丹田。

图1-11

图1-12

要领

形体上的外三合，即手与肘、肘与膝、肩与胯相对应，脚拧身转手随，保持整体运动，圈圈相套，环环相扣。内劲通过翻胯带动脊椎节节向上推送传递劲力。

6. 搬拦戳点

两腿逐渐站直，重心由左脚移到右脚；同时两掌前按逐渐变成两掌外旋内捧，右掌变拳、左掌托右拳缓缓下落至小腹前，此时屈膝坐胯如坐在一个空板凳上一样，这样就完成了第三圈。（图1-13）

沉肩坠肘，上领下沉，头顶至脚节节贯串，呼吸自然，内劲由后背督脉上升过头再从任脉下行至丹田。

图1-13

二、完整教学

左金刚式、右金刚式斜转一圈，再托抱翻按前后转第二个圆，最后搬拦戳点转第三个圆。大圈套小圈，环环相扣，连绵不断，如行云流水，完整一气。左金刚式变右金刚式时，当两手向右划圈过脸中线时，瞬间两手合掌在脸前，同时两腿成小马步，当身体再继续右转90°时，两手前后又分开约一前臂距离，成右弓步。两脚依次转动，前后要虚实转换。

意念：意气周流循环往复，做到外三合与内三合一致。太极精要金刚式，繁衍无穷圈套圆。攻防兼备虚实变，万法归宗道自然。

第三式　懒插衣

一、分解教学

1. 左托抱球

右拳变掌由下向上运行至胸前，掌心向左，左掌向左旋，如抱球托于腹前，掌心向上；两脚位置不变，重心移到右脚，两腿屈膝，膝关节夹角大于135°。（图1-14）

图1-14

图1-15

2. 右托抱球

重心移至左脚，两腿屈膝，膝关节夹角不超过135°；两掌随身体下蹲之势，右手带臂向右下划弧至小腹，左手带臂向左上划弧至胸前，右手下转，左手上转，两手上下相距约一前臂距离；上身和头部保持不变。丹田内气随两手旋转而转动，呼吸要自然。两掌转动时要合住劲，不能散开。到位时，左手在上，手心向下，指尖向右，右手在下，指尖向左，手心向上，刚好与上动手的位置颠倒。（图1-15）

3. 懒汉插衣

左手从右臂外下落至左腿外侧，右掌由下从左臂内经胸前外翻手，拇指在内，指尖向上，顺身前中线经脸前至头顶上方，右脚提起离开地面。（图1-16）

图1-16

当右手内旋向右侧划弧时，右脚向身体右侧横跨一步成右侧弓步。右脚尖对右前方，右手指尖同肩高，掌心斜朝下，与右脚尖方向一致。（图1-17）

头部、肩部和整个躯干保持不变。呼吸自然，内气随两手旋转。右手向右按出时，内气跟随而至。

图1-17

> **要领**
>
> 两掌心相对，怀抱阴阳太极球匀速转动，臂随之滚动，手脚上下一致。

二、完整教学

第一圈左托抱球两掌左右旋转，第二圈右托抱球两掌前后旋转，第三圈单手或双掌向右顺时针划圈，注意上下动作一致和劲路传递。做到怀抱太极旋乾坤，天翻地覆颠倒颠，滔滔不绝滚向前。当单手熟练后，可两手沿顺时针方向连贯完成向右的弧线划圈。

第四式　白鹤亮翅

一、分解教学

1. 束翅欲飞

右手下落至右腿侧，同时右脚弧形步收至左脚内侧，重心落在右脚，两腿屈膝约135°，右实左虚。（图1-18）

图1-18

2. 白鹤亮翅（左）

两掌从下向上、向左划，右手从腹前顺中线到胸前，左手从体侧外旋过肩，两掌心相对，相距一前臂，指尖向上。（图1-19）

两手继续向上划，右手从胸前划至脸前，左手从肩上划至头左上方；左脚提起离开地面，右腿单腿支撑；面向东。（图1-20）

图1-19　　图1-20

两掌从上向下、向左落，前臂内旋，手心向前、向下按，左手落到脸前，拇指同鼻高，右手落到胸前，拇指同咽喉高。（图1-21）

左脚随手下按时上步，左膝上纵，胯催膝随，脚贴地面滑步而行，右脚跟上，前脚掌着地，左脚全脚掌落地，重心在左脚，成右虚脚，两手从身前下落，右手至右腿内侧，左手至左腿外侧，两手指尖向下。松腰、松胯、松膝、松踝，两腿微屈下蹲，头向上领起。做到上领下坠，保持中正，面向东方。（图1-22）

图1-21 　　图1-22

3. 右旋左转身

右脚后退不落地，身体右转135°，右脚弧线右摆成135°面向西南，左脚尖内扣，与右脚尖、鼻尖三尖合一，重心完全放在右脚，成右弓步。（图1-23）

左脚跟步至右脚内侧，以左脚跟为轴，左胯、左膝、左踝关节左转，带动脊柱、左肩等半边身同步旋转，重心落在左脚，随后右脚跟外旋与左脚摆顺，双腿屈膝约135°，变成左实右虚。（图1-24）

图1-23 　　　图1-24

4. 白鹤亮翅（右）

身体左转，左脚尖对向东，即正前方；两掌从下向上划，左手从腹前顺中线划到脸前，右手从体侧过肩后上提到头侧，两掌心相对，相距一前臂，手指向上。右脚提起离开地面，成左腿单腿支撑；面向东。（图1-25）

两掌内旋从上向下、向前按，双手下落到胸前；右脚上步时右膝上纵，胯催膝随，脚贴地面滑步而行。（图1-26）

图1-25　　　图1-26

两手继续从身前下落，左手至左腿内侧，右手至右腿外侧，两手指尖向下。同时右脚全脚掌落地，左脚跟上，前脚掌着地，重心在右腿，成左虚脚，松腰、松胯、松膝、松踝，两腿微屈下蹲，头向上领起。做到上领下坠，保持中正，面向东站立。（图1-27）

图1-27

要领

两掌划弧，臂随之滚动，手脚、肩胯上下合之，两掌下按时头领起，把劲传递下去。做到脚落地轻松，脚前掌贴地滑行，身体上下同步运转。

二、完整教学

动作连贯，气血劲路完成了左半身从左后向前转一个圈，右半身从右后向前转一个圈，气血上下传递周流通畅，如束翅仙鹤，欲飞碧空。

第五式 单鞭

一、分解教学

1. 双手云鞭

两掌之间仍保持一前臂距离，从右下向右上过脸前逆时针滚动划圈，到脸前时手指朝上。（图1-28）

两手继续从上向左下逆时针划圈落到两腿侧，两手心相对，指尖向下；同时左脚向左跨半步落实，身体屈膝下坐，重心由右实左虚变成左实右虚。（图1-29）

这是第一个立圆圈。

图1-28 　　　图1-29

2. 右手握鞭

右手从右下向外再向左上逆时针转一个立圈至脸前变勾手；右脚同时随右手从外向内提起逆时针转动划一个圈落到左脚侧，变成左实右虚步。（图1-30）

右手顺身体中线下落到右腿根处，同时左手从腹前中线抬起至脸前；右脚踏实，左脚跟微抬起变虚步。（图1-31）

图1-30 　　　图1-31

这是第二个圈。

3. 左手按鞭

左手举过头顶，再向左内旋划弧下按至与肩同高，成左手心斜向下，手脚上下对应；左脚随左手从中线提起向左跨出，重心落在左脚，成左侧弓步。（图1-32、图1-33）

这是逆时针划了第三个圈。

图1-32　　　　　图1-33

要领

肩胯、肘膝、手脚同步划圆，两脚摆顺注意脚下虚实转换，手脚上下对应一致。

二、完整教学

从右向左逆时针连续划3个立圈，波浪起伏，环环相扣。如行云流水连绵不断，浑然一体。

第六式　斜金刚

一、分解教学

图1-34

1. 左金刚抄手

左手下落至左腿侧，指尖向下，右脚左转45°成左弓步，面向东北。（图1-34）

两脚相距一小步（即自己平时行走的步幅），左脚前脚掌着地，脚跟略有离地之意，脚尖内扣，小腿和地面垂直，膝盖不能超过小腿垂直线。两脚尖延长线相交，以便增加攻击之合劲。

两掌带臂随势向上弧形上抄，不可有下坐之意，左手在前，指尖略高过头，右手在后，指尖同咽喉高，掌心向里，中指和前臂中轴线始终一致。（图1-35）

左手与右手相距一前臂距离，其肘关节夹角，左臂大于135°，右臂小于135°。腋下夹角，左臂大于45°，右臂小于45°。肩与胯上下对照，在一个平面内才有支撑力，做到

图1-35

外三合，即手与脚合，肘与膝合，肩与胯合。其两手中指的延长线和两脚尖的延长线在意念中要聚焦一点，继续保持面向东北。

2. 右金刚劈手

右脚尖右转135°，重心随之向右脚移动，左脚接着右转135°，面向南成右弓步；两手向上领起，两掌掌心相对，顺势从上向下劈至面前。（图1-36）

右掌在前同头高，左掌在后同鼻高，两手前后相距约一前臂长，指尖向前，拇指侧朝上。右臂肘弯夹角大于135°，腋下夹角大于45°。左臂肘弯夹角小于135°，腋下夹角小于45°。两脚尖均要内扣，其脚尖延长线和身体中轴线在身前

图1-36

中线之延长线相交。两手中指尖前后对照，其延长线和身前中线再相交，手、脚、鼻尖三尖在前方要聚焦，形成攻防兼备的右金刚式基本战斗姿势。

3. 左弓步前撩掌

两手自然下落至两腿根处，两脚左转135°，重心左移成左弓步，两脚脚前掌着地，脚跟略微离地。两踝关节要稳固，两膝两胯随脚左转亦依次左转，膝与胯有内裹之意，扣住劲，膝有上纵之意，膝胯与脚要上下相合，似有弹簧随时可以启动。

两掌从后向下、向前弧形前撩掌，如水中捞月之象。两掌划到小腹前，护住裆部，掌心向前，指尖向前下方，两臂松沉下坠，这时完成第一圈，面向东北。（图1-37）

图1-37

4. 上托后坐

重心继续前移，左膝继续前弓，右腿随之，当左膝尖将要超出左脚尖时，重心后移，左腿缓慢后伸，右腿屈膝后坐，重心落到右脚上。左脚尖微向上翘起，膝略伸，形成往后去之势，右脚跟落地，全脚支撑体重。此时，两膝仍要内扣，两胯内扣并后坐，有熊蹲虎坐之态势，能支撑八面，照顾四方。

身躯随重心后移，上身坐直，躯干节节下行，内气也随之贴背节节下行至尾骨，臀部垂线不超过右脚跟。臀向后坐时，有由下向上翻裹之意，从而带动两大腿有内裹之感，两膝扣住劲，护好中下部。上身仍要中正下坐，含胸拔背，收腹裹臀。右膝关节形成的夹角不能小于135°，否则不利于下部启动，不能站煞。两掌随重心后移下坐之势，逐渐上捧后收至脸前位置，两肘关节夹角都不能小于90°，两手基本并拢，指尖向上，手心向内，如狸猫欲洗脸之势。再随势下落至腹前。（图1-38、图1-39）

图1-38　　　　图1-39

5. 翻手前按

重心前移，右脚由实慢慢蹬地向前送劲，左腿逐渐前弓承担体重，左脚全脚掌着地，右脚前掌着地，脚尖均内扣，两膝两胯内裹，两腿要有护下盘之意。当左脚落实时，带动右脚向前跟一步和左脚平行，脚尖向前；同时，头顶上领，身体逐渐站直，两手内翻并夹肘向前上推按至胸前。（图1-40）

上体姿势要求不变，唯两肘微微向内合住劲、向前送劲以助双掌之按劲，整个身法是由后坐逐渐向前站起，其轨迹是弧形向上，此时内气随上按之势聚集于下丹田。

图1-40

6. 搬拦戳点

两腿逐渐站直，两掌随前按逐渐变成两掌外旋内捧，右掌变拳停于胸前。（图1-41）

图1-41

随即右拳左掌缓缓下落至小腹前，右脚跟随之落实，两脚平行站立，松胯下坐。（图1-42）

搬拦戳点完成第三个圈。沉肩坠肘，上领下沉，头顶至脚节节贯串，呼吸自然，内气由丹田上升过头顶复循后背下行至脚。

图1-42

要领

形体上做到外三合，脚拧身转手随，保持整体运动，圈圈相套，环环相扣。内劲通过翻胯带动脊椎骨节节向上推送传递。

二、完整教学

左金刚抄手、右金刚劈手斜转一圈，再托抱翻按前后转第二个圆，最后搬拦戳点转第三个圆。大圈套小圈，环环相扣，连绵不断，如行云流水，完整一气。左金刚式变右金刚式时，当两手向右划圈过脸中线时，瞬间两手合掌在脸前，同时两腿成小马步，当身体再继续右转90°时，两手前后又分开约一前臂距离，成右弓步。两脚依次转动，前后分虚实转换。做到意气周流循环往复，要外三合与内三合一致。

初学练熟后，可在单鞭左手左脚同时向左划弧线，当脚落实时，左手也同时下落到体侧，减少停顿的时间，这样可以快速直接左金刚抄手，更便于练拳和实战合二为一，不局限于摆拳架而练。

第七式　合手左白鹤亮翅

一、分解教学

1. 搏击长空

右拳变掌和左掌同时从腹前向左、向上经脸前顺时针划弧向右上方，两掌划弧时要边划边内旋。右掌指尖高过头，左掌指尖同鼻高，掌心相对，两掌保持一前臂距离。两腿伸直，重心落在右脚，左脚跟提起，前脚掌着地，成右实左虚；面向东北。（图1-43）

图1-43

2. 门前扫雪

左脚向左前弧线横跨一大步，右脚随之，重心落于左腿，左膝关节弯曲成135°角。左脚实，右脚虚，右脚前脚掌着地，双膝屈蓄。两掌从右前上方顺时针向左下方划弧，左手至左腿侧，右手至裆部，两掌心相对，指尖向下。（图1-44）

束身下行，犹如燕击水波。

图1-44

3. 左白鹤亮翅

右脚向右前方跨一大步，左脚随之，重心落于右腿，左脚前掌着地，右实左虚。到位后重心上提，双腿渐伸展。双手从左下向右上顺时针划弧，划至身前右上方。右手指尖略高于头，左手指尖同鼻高，两手前后相距一前臂长，左掌在胸前守住中线。（图1-45）

肩胯上下对照，劲才能整。头部和上身要求不变，始终同起势之要求。

图1-45

要领

两脚贴地面划圆走弧线，划圆时重心要随脚手而左右变化，移动要平稳。

二、完整教学

两手划一个立体的圆圈，两脚贴地面先向左前方再向右前方弧线走圆，做到手、脚、肘、膝上下对应同步运转，贯通身体气血上下传递。

第八式　斜行

一、分解教学

1. 乌龙摆尾

重心挪于左脚，左腿屈膝下坐，两手下落至腿侧，掌心向内、指尖向下。（图1-46）

图1-46

随即右手逆时针方向从右下向右上划弧至脸前，继续沿中线下落至右腿侧，指尖朝下，左手不动；同时右脚随右胯向上逆时针划圈，下落在左腿侧后，身体右转45°，重心落在右腿，两腿随之弯曲下蹲，但膝弯处不要小于135°。（图1-47、图1-48）

图1-47　　图1-48

接着左手再从左下向右上划过脸前，左脚同时也从左下向右上划弧提起，身体右转45°。

身体左转，左脚向左后下落跨一步，重心随势从右脚移至左脚；同时左手从身前中线落下撩掌，沿顺时针方向划一个圈，落于左腿内侧，指尖朝下；右掌从右侧下向上、向左先外旋后内旋划弧按打至脸前，指尖同鼻尖高。面向西北完成左斜行。（图1-49、图1-50）

图1-49

图1-50

2. 右转左按

身体右转180°，重心右移，变右弓步；右手从身前中线下落向右划弧撩掌，落于右腿根部；左手从下向上再向右划弧按打至脸前，同鼻尖高，距鼻一小臂，掌心向右。面向东南完成右斜行。（图1-51）

图1-51

3. 左转右按

身体左转，重心左移，变左弓步；左手从身前中线落下向左划弧撩掌至背后命门穴处成勾手，勾尖向上；右手从下向上、向左划弧停于脸前，同鼻尖高，距鼻一前臂远，掌心向左。面向北完成左斜行。（图1-52）

图1-52

要领

下撩上打左右对称划圆，脚到手到方为真。上护咽喉，下护裆部，保持很好的攻防间架结构。

二、完整教学

从外向内连续转五个圈，向哪边转先动哪只脚，等前面的脚落实，再转另一只虚脚，虚实分明。做到上领下坠，身体保持中正。松腰落胯，松膝松踝。手脚上下同步转动，前后距离适中，便于实战运用，步法灵活进出。内气中分不能停，虚实转换要轻灵。

练习熟练后，左手不需要放到背后，直接落在体侧，便于连贯下式的起手金刚。

第九式　手挥琵琶

一、分解教学

1. 左金刚抄手

动作同第六式斜金刚1.左金刚抄手。（图1-53、图1-54）

图1-53

图1-54

2. 右金刚劈手

动作同第六式斜金刚2.右金刚劈手。（图1-55）

图1-55

3. 上挥琵琶

由右金刚式开始，身体左转，两手心相对合住劲，从右向下、向左上划弧，左手心向上，右手心向下，高与肩平；同时右脚向左脚跟步，其重心由右脚移到左脚，面向东北。（图1-56）

图1-56

4.下挥琵琶

右脚后撤一步，左脚相随，重心落到右脚成左虚步；同时两手沿顺时针方向在胸前拧转一个圆圈，左掌变勾手翻落至左膝上方寸许，勾尖向下，右手翻手掌心斜向上落至腹前，手指指向左脚尖。（图1-57、图1-58）

图1-57　　　图1-58

要领

两掌顺时针划圆时，两臂随之旋转，脚腿随之拧动，做到上下协调一致。

二、完整教学

金刚换手转第一个圈，琵琶翻手转第二个圈，立体缠绕划圈。以脊椎右、左半边身体依次翻转缠绕，如琵琶轻弹飘妙音，听化引拿发劲迅，左右对称、上下相随。

第十式　摇步

一、分解教学

1. 上翻琵琶

左脚跟右转45°，全脚掌落实，身体慢慢长起，重心左移，右脚以脚前掌为轴，脚跟外旋，两腿弯曲，身体向左转；左勾手外旋从腹前上划到鼻前，指尖同鼻尖高；右手内旋托绕左勾手翻转到脸前，面向西北。（图1-59）

图1-59

2. 摇步下踩

重心继续左移，右脚离地向左脚上方抬起，左勾手变掌同时内旋向下划弧，停于小腹前，手心朝下。（图1-60）

图1-60

图1-61

右脚在左脚尖前下落踩踏成交叉步，身体右转45°，重心落于右腿，左脚在后，脚前掌着地；在右脚下落时，右手从身前中线下落至右腿内侧，掌心朝左；左手从左下向上划圈到面前；面向东。（图1-61）

> **要领**
> 上下转身，手脚要同时转动，动步要轻，转动要灵活。

二、完整教学

两手外旋，内旋缠绕翻转，同侧上下一致，从外向内缠绕两个圆圈，左右步法虚实转换灵活。

初学者可左勾手、右掌同时向上划圈到脸前。练习熟练后，可左勾手向上、右掌向下相对在胸前旋转匀速缠绕，做到左脚踩实，左勾手下落，右脚虚，右手掌上划圈到胸前，使整个动作连贯一致。

第十一式 斜行

分解教学

动作同第八式斜行。

1. 左转右按

如图1-62、图1-63所示。

图1-62　　图1-63

2. 右转左按

如图1-64所示。

图1-64

3. 左转右按

如图1-65所示。

图1-65

第十二式 转身手挥琵琶

一、分解教学

动作同第九式手挥琵琶。

1. 左金刚抄手

如图1-66、图1-67所示。

图1-66

图1-67

2. 右金刚劈手

如图1-68所示。

图1-68

3. 上挥琵琶

由右金刚式起，身体右转，左手外翻，手心向上，右手内翻，手心向下，两手同时从右前方向后再向左前划一个顺时针的圆至右胯。随即两手心相对合住劲向左前上方送出，同时右脚向后撤一步，右脚脚前掌着地，重心由右到左；面向东。（图1-69、图1-70）

图1-69

图1-70

4. 下挥琵琶

左脚回收，重心落到右脚，成左虚步；同时两手顺时针斜方向缠绕翻转一个圈，左掌变勾手手指朝下落至左膝上方寸许，右手掌心斜朝上落至腹前，手指指向左脚尖；面向东。（图1-71）

图1-71

要领

掌划圆时，脚随之拧动，上下协调一致，以脊椎骨为轴，右半身先转身抽拉再带动左半身翻压。

二、完整教学

金刚式划立圆，上挥琵琶转平圆，下挥琵琶转斜圆，三个圆纵横交错变成一个浑然一体的立体圆球。正如老子所说："一生二，二生三，三生万物，道法自然。"一切都在自然变化之中。

第十三式 摇步

一、分解教学

1. 上翻琵琶

动作同第十式摇步1.上翻琵琶。（图1-72）

图1-72

图1-73

2. 摇步下踩

重心继续左移，左勾手变掌内旋向下划弧，停于小腹前，手心朝下。（图1-73）

右脚离地向左脚上方抬起,再顺左脚尖前下落踩踏成交叉步,身体右转45°,重心落于右脚,左脚在后,脚前掌着地;在右脚下落时,右手随右脚从身前中线下落至腿侧,掌心朝左;左手同时从外向内上抬至胸前;面向东南。(图1-74)

图1-74

要领

上领下落转身,手脚要同步,动作要轻,转动要灵活,熟练后脚不用抬很高,可以贴地面旋转,做到协调一致。

二、完整教学

保持身法中正的情况下,双手外旋、内旋缠绕翻转,同侧上下一致,从外向内缠绕两个圆;左右步法虚实转换轻灵,如龙卷风上行则缠,下行则粲,都在自然而然中。

第十四式 上步金刚

一、分解教学

1. 左提右转

接上势,左脚提起;面向南。(图1-75)

图1-75

2. 左落左转

左手、左脚下落,脚不着地再左转身90°向前上步,右脚跟外摆顺,脚尖朝前,变左弓步;两臂垂落在腿两侧,掌心向前。(图1-76)

图1-76

3. 大鹏展翅

两臂分别从两侧外旋向上划弧，掌心相对，指尖向上，与头同高，犹如大鹏飞翔一般，但上身和头部不得弯曲，沉肩坠肘；面向东。（图1-77）

图1-77

图1-78 　图1-79

左腿拔劲，右脚蹬劲。右脚向前上步与左脚平行，与肩同宽，两腿微伸直，重心在左腿，右脚脚前掌虚点地。当右脚上步时，两手从两侧向上划过头从脸前内旋向下划弧落到胸前时，右手变拳，落于左手心上。随即两手继续下落，右拳内旋落在小腹前合住劲，右脚跟下落踏实；面向东。（图1-78、图1-79）

此时对头部和身体各部位的要求同起势一样。

要领

上步身正头领起，右脚落地和双手下落相一致，头上领，屈膝落胯下坠，使人体脊椎骨上领下坠，骨节贯穿拔直，一切都在放松状态中。

二、完整教学

左侧手脚通过右转、左转顺时针划了一个圆圈,两手再从外向内合抱一个圆圈,做到气沉丹田,万法归一合太极。

第十五式　退步伏虎

一、分解教学

1. 退步胸前交叉手

左脚向后退步,两手从小腹前向上内旋掤至胸前膻中穴处,手心向后,两掌交叉,右掌在内,左掌在外,指尖向斜上方。(图1-80)

身体端正,头领全身,身要沉稳,支撑八面。

图1-80

图1-81

2. 马步分掌

右脚向左脚后退,靠近左腿内侧虚点地;两掌缓缓分开。(图1-81)

右脚再向右弧形滑步分开成马步,重心微右移;两掌随之分开下落,按于膝上,掌心向下。(图1-82)

图1-82

3. 弓步伏虎

左掌从外侧向上划弧至胸前；身体右转，重心右移，成右弓步。（图1-83）

图1-83

左掌从胸前下落至左胯侧，重心移到左腿；右掌从右下向上划弧到头右后方；身体右转45°，右脚尖微翘起；面向东南。（图1-84）

图1-84

身体左转45°，右脚尖下落，全脚踏实成右弓步；右掌从右后向上过头顶再向右前抓握为拳，拳心向前，拳高过耳，腋下夹角约45°，肘弯处夹角小于90°；同时，左掌随右手握拳也一起握拳在胯侧；上下合住劲，头直身正；面向东南。（图1-85）

图1-85

要领

两臂上抬要和左脚退步一致，两臂下落要和右脚退步一致，左手带左脚拧，右手带右脚拧，上下配合一致。

二、完整教学

身体向后仰退步，两手合抱由腹前向上到脸前再翻转向下转一个前后的立圆。然后左手过左膝由外向里顺时针划一个左右的立圆，握拳停于左胯侧。右手过右膝由外向里逆时针过头顶划一个斜圆落在头前方。共划了三个圈，立体的圆环转缠绕，匀速运动。

第十六式 擒拿

一、分解教学

1. 左弓步转身

身体左转90°；重心左移，变左弓步，面向东北；同时右拳下落经右胯到腹前，左拳后摆至腰后。（图1-86）

图1-86

2. 小金丝缠腕

右手收至右胯侧，左拳变掌从左后经身体侧面抬起过脸前，下落抓握右拳腕，右手外绕顺採；同时身体向右转，向后下坐，重心移向右脚，面向东南完成擒拿。（图1-87、图1-88）

图1-87　　图1-88

要领

身体左转接右转顺时针缠绕，手脚一致转动，採拿转圈滚圆力整。

二、完整教学

身体顺缠一大圈，左臂顺缠一大圈，右手腕顺缠一小圈，三圈螺旋缠绕连绵不断，完成擒拿再转身分筋错骨。

第十七式　串捶

一、分解教学

左掌变拳，屈肘向左拉至肋间，拳心向上；右拳直臂向下击，拳面向下，拳心向内；同时右腿站直，左脚向右脚靠拢，前脚掌点地成左虚步；面向东。（图1-89）

图1-89

要领

左手似拉弓，右手似放箭，右腿直，左腿虚，头领起。

二、完整教学

左手拉、右拳下击，脚右实左虚，手落脚到，上下对拉协调一致。

第十八式　肘底藏捶

一、分解教学

左脚跟落地，左脚尖向左转，重心左移，接着身体左转90°，右脚跟向右转，变成左实右虚的左弓步，膝弯夹角135°；右拳随身左转，屈肘从右下向左上方弧形摆拳至脸前，同鼻尖高；左拳随身左转上抬至右肘尖下方，护住身前中线；面向北。（图1-90）

图1-90

要领

两拳划弧，两胯随之摆动，两臂随之滚动。肘底藏捶不露形，拧脚摆腿身法正。

二、完整教学

转身摆拳，左脚尖左转，右脚跟外摆，脚到手到，一气呵成。

第十九式　倒捲肱

一、分解教学

1. 左倒捲肱

身体后坐，重心后移至右腿，右脚跟落实；右拳变掌，由脸前沿中线向下划弧停于右腿侧；左拳变掌，由下经左侧向上划弧至脸前，同鼻尖高，掌心向内，指尖向上，沉肩坠肘，护住中线；左脚随左手从外向内划弧提起收至右脚旁，手脚上下投影点对齐。（图1-91）

图1-91

接着左脚向后退步，脚前掌贴地后退，脚跟微外摆，左腿蹬直成右弓步；左手前按，掌心向前；面向北。（图1-92）

图1-92

2. 右倒捲肱

身体后坐，重心后移至左腿，左脚跟落实，左掌由脸前沿中线向下划弧至左腿侧；右掌由下向后再从右侧向上划弧至脸前上方，掌心向内，指尖向上，沉肩坠肘，护住中线；右脚随右手也从外向内划弧提起收至左脚旁，手脚上下投影点对齐。（图1-93）

图1-93

接着右脚向后退步，脚前掌贴地后退，脚跟微外摆，右腿蹬直，成左弓步；右手前按，与肩同高，掌心向前；面向北。（图1-94）

图1-94

3. 左倒捲肱

身体后坐，重心后移至右腿，右脚跟落实；右掌由脸前沿中线向下划弧至右腿侧；左掌由下经左侧向上划弧至脸前，同鼻尖高，掌心向内，指尖向上，沉肩坠肘，护住中线；左脚随左手从外向内划弧提起收至右脚旁，手脚上下投影点对齐。（图1-95）

图1-95

接着左脚向后退步，脚前掌贴地后退，脚跟微外摆，左腿蹬直成右弓步；左手前按，掌心向前；面向北。（图1-96）

图1-96

4. 转身捲肱

身体后坐，重心后移至左腿，左脚跟落实；左掌由脸前沿中线向下划弧至左腿侧；右掌由下向后再从右侧向上划弧至脸前，同鼻尖高，掌心向内，指尖向上，沉肩坠肘，护住中线。（图1-97）

图1-97

接着右脚向后退步，快落地时再向右侧弧线横跨一步，重心落于右腿，右腿微屈；同时右手下落至右腿侧。（图1-98）

图1-98

左脚收至右脚内侧，两腿微屈成右实左虚；两手在腿侧掌心相对，指尖向下。（图1-99）

图1-99

图1-100  图1-101

左脚向左前横跨一大步，右脚随之，脚前掌着地，重心落于左腿，左实右虚，到位后重心上提，两腿渐蹬伸；两手随腿左移，由下向上逆时针划弧，左掌停于头侧，右掌停于鼻尖处，指尖朝上，两手掌心相对，相距一前臂远，面向东北方向。（图1-100、图1-101）

5. 合手右白鹤亮翅

右脚继续向右前横跨一大步，左脚随之，脚前掌着地，重心落于右腿，其膝弯夹角不小于135°，右实左虚；两掌从左前上方沿逆时针方向向右下方划弧至两腿侧，掌心相对，指尖向下，双膝曲蓄。（图1-102、图1-103）

图1-102 　　　　图1-103

图1-104 　　　　图1-105

左脚再向左横跨一大步，右脚随之，脚前掌着地，重心落于左腿，左实右虚，重心上提，两腿渐蹬伸；两手随腿左移，由下向上逆时针划弧至身前左上方，左手指尖略高过头，右手指尖同鼻高，两手前后相距约一前臂远，右掌在胸前守住中线。（图1-104、图1-105）

肩胯上下对照，劲才能整。

要领

后退时，身中正，步平稳，同侧手脚前后相合，异侧手脚左右相合，左右肢前后左右相合。两脚随手划圈贴地面划弧，重心要随脚手变化而平稳移动。

二、完整教学

向后退时脊背慢慢向后靠，同侧手脚上下一致，上下肢都在由后向前划圈，左右对称，协调配合。整个动作连续走前后三个立圈和左右两个逆时针的斜圈，连贯自然，没有断续处。把身体分成左右两个部分，当左侧为实时，右侧往后划圈退行，右半侧身体都在划圈。当右脚后行落地时，身体随之后靠移动，重心逐渐从左脚过渡到右脚。一旦右脚落实，左脚随之为虚，左侧从上到下，半边身体往后倒行，右侧亦然。

第二十式　合手左白鹤亮翅

动作同第七式合手左白鹤亮翅。（图1-106～图1-111）

图1-106　　　　　图1-107　　　　　图1-108

图1-109　　　　　图1-110　　　　　图1-111

第二十一式 斜行

分解教学

动作同第八式斜行。

1. 乌龙摆尾

如图1-112~图1-116所示。

图1-112

图1-113

图1-114

图1-115

图1-116

2. 右转左按

如图1-117所示。

图1-117

3. 左转右按

如图1-118所示。

图1-118

第二十二式　闪通背（海底针）

一、分解教学

前三动同第六式1、2、3动。

1. 左金刚抄手

如图1-119、图1-120所示。

图1-119　　图1-120

2. 右金刚劈手

如图1-121所示。

图1-121

3. 左弓步前撩掌

如图1-122所示。

图1-122

4. 上托后坐

重心后移，上身坐直，躯干节节下行，内气也随之节节贴背下行至尾骨，臀部垂线不超过右脚后跟。两臀向后坐时，有由下向上翻裹之意，从而带动两大腿有内裹之感，双膝扣住劲，护好中下部。上身仍要中正，含胸拔背，收腹裹臀。右膝下坐之夹角不能小于135°，否则不利于下部启动。

两掌随重心后移下坐之势，逐渐上抱后收至下颌胸前位置，两肘弯夹角小于90°，两手五指并拢，指尖向上，手心向内，如狸猫欲洗脸之势。（图1-123）

图1-123

5. 翻手前按

重心前移，右脚蹬地向前上半步至左脚内侧，脚前掌着地，重心在左脚；同时头顶上领，两手翻掌向前按。（图1-124）

两肘微微向内合住劲向前送劲，以助双掌之按劲，整个身法是由后坐逐渐向前站起，其轨迹是弧形向上，此时内气随上按之势聚集下丹田。

图1-124

6. 右转左提划圈

两手下落；右脚向右后方撤步，身体右转135°，左脚向右转动与右脚尖延长线一致。（图1-125）

图1-125

以右脚前脚掌为轴，左手左脚继续向上提起，沿逆时针方向向左转一圈；同时身体左转；面向北。（图1-126、图1-127）

图1-126　图1-127

7. 左转右提划圈

左手左脚下落，左脚向左后方撤步，身体左转135°，右脚向左转动与左脚尖延长线一致。（图1-128）

图1-128

图1-129　　　　　图1-130

以左脚前脚掌为轴，右手右脚继续向上提起，沿顺时针方向向右转一圈；同时身体右转；面向北。（图1-129、图1-130）

8. 海底寻针

右手右脚下落，右脚不落地继续向后退一步，重心后坐，左脚向后方撤半步，前脚掌点地成左虚步；右手下劈落在裆前，右掌心向左，指尖斜向下。左手随左脚回收落在腰后成勾手，勾尖向上；面向北。（图1-131）

图1-131

图1-132

9. 上步托掌（闪通背）

左脚向左前方上步，右脚跟进半步，身体右转45°，双腿微屈，重心在左脚，身向东北；左手掌心向上，随左脚划弧向前上托，略高于肩；右掌随之向上划弧，同左手上托，手心向下按，停于左胸前。（图1-132）

要领

同侧手脚上下一起动，以胯带动上下转动。

壹　太极拳道拳架教学

二、完整教学

金刚式一圈，上托合手一圈，右旋左劈掌一圈，左旋右劈掌一圈，上步托掌一圈，共五圈连贯划弧走圆，行动意相随，如行云流水，缠缠绵绵。

第二十三式　白鹤亮翅

分解教学

动作同第四式白鹤亮翅。

1. 白鹤亮翅

如图1-133~图1-136所示。

图1-133

图1-134

图1-135

图1-136

2. 右旋左转身

如图1-137、图1-138所示。

图1-137

图1-138

3. 白鹤亮翅（右）

如图1-139～图1-141所示。

图1-139

图1-140

图1-141

第二十四式　单鞭

分解教学

动作同第五式单鞭。

1. 双手云鞭

如图1-142、图1-143所示。

图1-142 　　　　图1-143

2. 右手握鞭

如图1-144、图1-145所示。

图1-144 　　　　图1-145

3. 左手按鞭

如图1-146、图1-147所示。

图1-146 　　　　图1-147

第二十五式　云手

一、分解教学

1. 右上左下

接单鞭，左手下落至裆前，掌心向内，指尖向下；右手从中线向上划弧到鼻尖；右脚尖左转45°，重心在左脚成左弓步；目视右手。（图1-148）

图1-148

身体右转90°，左脚再右转90°，与右脚方向一致，重心在右脚成右弓步；面向右侧。（图1-149、图1-150）

图1-149　图1-150

2. 左上右下

右手下落至裆前；左手从中线向上划弧到鼻尖；目视左手。（图1-151）

图1-151

手随左脚、身体左转90°，右脚再左转90°，与左脚方向一致，重心在左脚成左弓步；目视左手。（图1-152、图1-153）

图1-152 　　　图1-153

图1-154

3. 右上左下

接上势，左脚尖对东北方向不变；左手从左侧下落至裆前；右手从中线向上划弧到鼻尖；目视右手。（图1-154）

右手随右脚、身体右转90°，左脚再右转90°，与右脚方向一致，重心在右脚成右弓步；目视右手。（图1-155、图1-156）

图1-155 　　　图1-156

要领

两手云手轨迹在身前各绕一个圆，绕圆时肘要内裹，合肘，腿要送劲，两手各管半边身，脚尖随云手而同步转换虚实。云手缠绕护阴喉，上下划圈左右动，要做到身法中正。

二、完整教学

右手从左向右顺时针划圆，左手从右向左逆时针划圆，左右连续划3个立圆，以胯带动腰椎、胸椎转动传递，椎骨节环环相扣，如行云流水连绵不断，浑然一体。

第二十六式　左高探马

一、分解教学

1. 悬崖勒马

身体左转，重心前移，右脚向左脚跟进半步，左脚尖向北，右脚尖和左脚尖延长线相交，两腿弯曲，右实左虚；同时，右掌内旋随左转向左上划弧停于鼻尖前，指尖向上，手心向左；左掌自裆前向左划弧，落于左腿外侧，指尖向下，手心向右，犹如悬崖勒马。（图1-157）

图1-157

2. 左抱球勾脚

左掌内旋沿胸前中线上提，经右前臂内侧上穿；右掌向右前划半圆，与左掌心相对；两手左抱球在身体右前方，左手在上，右手在下。（图1-158）

图1-158

提左膝；两手抱球沿逆时针方向向左旋转，两手心相距一前臂距离。（图1-159）

图1-159

两手抱球向前翻转成右手上、左手下，右手心斜向前，左手心斜向上；左脚跟回勾，脚尖如上马镫之状；回勾和抱球同时完成，右腿支撑体重，微弯曲。身体不能前弯，头部不能后仰。（图1-160）

图1-160

图1-161

身体前送，左脚下落并向前上步成左弓步；同时两手抱球继续逆时针前后滚转，左手回抽，右手前送，两掌心相对，仍如抱球状。（图1-161）

要领

两手滚球要均匀，右手向上翻转左脚勾，肩胯膝肘随手转动，脚落地贴地前趾。

二、完整教学

两手抱球在身前沿逆时针方向旋转，先左右再前后转动一个立体圆。旋转时以掌根为圆心，以掌指为扇面，如喇叭口外沿一样旋转向前赶推。勾脚、抱球、旋转同步完成。

第二十七式　右插足

一、分解教学

1. 两手握缰

接上动，右脚上步到左脚前，左脚提起跟步，向前并步到右脚内侧，重心落到右脚；两手握拳内旋，拳心向前，两臂弯曲，肘弯夹角135°，腋下夹角45°；两膝弯曲半蹲；目视两拳之间。（图1-162、图1-163）

图1-162

图1-163

2. 蹲身提缰

随身体下蹲，两手握拳沿顺时针方向从右上向左下环绕划弧，落至膝前，拳心相对，拳面向下，重心落在两脚。（图1-164）

图1-164

3. 上步拍脚

重心移向右脚，左脚向前上步，身体站起；两臂向内翻转，两拳继续沿顺时针方向从左下向上环绕划弧到脸前，拳心向后。随即右脚向前弹击，脚面绷平，高于胸，右腿伸展，左腿支撑；同时两拳变掌，右掌向前拍击右脚面，左掌在胸前；目视右脚。（图1-165、图1-166）

图1-165

图1-166

要领

以身带动两肘及前臂旋转，拍脚时上身不能弯，脚要向上弹踢。

二、完整教学

连续转三个圈，从小到大，一圈赶一圈，连绵不断，环环相扣。上右步两手转一个小圈，蹲身提缰一个大圈，拍脚从后向前一个弧线进步。上有连环掌迎面，下有纵膝占中膛，做到手脚上下配合，协调一致。

第二十八式　右高探马

一、分解教学

右抱球勾脚

拍脚后，两掌心相对，在身前左上方右抱球，随即两掌沿顺时针方向180°左右旋转，前后翻滚，转动一个立体圆；右脚跟回勾如上马镫状；面向北。（图1-167）

图1-167

身体前送，右脚上步，重心前移；同时两手抱球继续顺时针前后滚转，右手下落回抽，左手前送，两掌心相对，仍如抱球状。（图1-168）

图1-168

要领

两手滚球要均匀，右手向上翻转、右脚勾，肩胯膝肘随手转动。

二、完整教学

两手抱球在身前沿顺时针方向旋转，先左右再前后转动一个立体圆，旋转时以掌根为圆心，掌指为扇面，如喇叭口外沿一样旋转向前赶推，勾脚、抱球、旋转同步完成。

第二十九式　左插足

一、分解教学

1. 两手握缰

左脚上步，右脚向前并步到左脚侧，重心落到左脚，两腿屈膝半蹲；同时，两手握拳，内旋前臂向前划圆一圈，拳心向前，两臂肘弯夹角135°，腋下夹角45°；面向北；目视两拳之间。（图1-169）

图1-169

2. 蹲身提缰

身体下蹲；两手握拳，沿逆时针方向从左向右环绕划弧下落至膝前，拳心相对，拳面向下；重心落在双脚。（图1-170）

图1-170

3. 上步拍脚

重心移向左脚，右脚向前上步，身体站起；两拳由下向内、向前翻转。随即左脚向前弹击，脚面绷平，高于胸，左腿伸展，右腿支撑；同时两拳变掌，左掌向前拍击左脚面，右掌在胸前，两掌心向前；目视左掌。（图1-171）

图1-171

要领

下蹲和拍脚时上身正直，脚要向上弹踢。

二、完整教学

两手连续转三个圈，从小到大，一圈赶一圈，连绵不断，环环相扣。上左步双手转一个小圈，蹲身提缠一个大圈，拍脚从后向前一个弧线进步。手脚上下配合，协调一致。

第三十式　踡脚侧蹬跟

一、分解教学

1. 转身提腿

接上动拍击后，右腿屈膝，以右脚跟为轴向左转90°，同时左腿下落屈膝上提；两手下落握拳抱于腰间，前臂平端，拳心向上；面向西。（图1-172、图1-172附图）

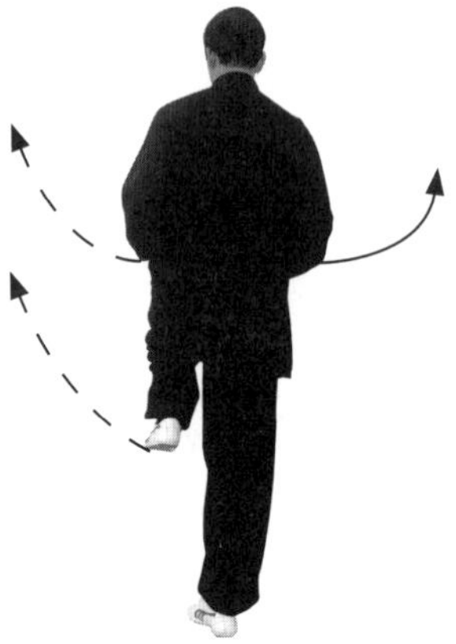

图1-172

图1-172附图

图1-173

2. 弹臂左蹬

头身要保持平衡。左脚跟着力，脚尖向上，向左蹬击；两臂同时内旋向身体两侧弧形弹击。（图1-173）

两臂内旋，向上滚臂提劲。头顶领起向上提劲，头身要保持平衡。

要领

两前臂边内滚边向两侧振弹，像拉皮筋一样，拉开之后迅速收回。蹬脚力透脚跟，手脚一致。

二、完整教学

左手拍完左脚后，两手握拳回拉到身侧，脚下落、弧线荡起侧蹬一气呵成。悬股顶膝再转身，左腿蹬跟手崩弹，手脚上下一致，协调配合。

第三十一式　摇步

一、分解教学

1. 蹬脚落地

蹬脚后，左脚下落悬垂于右脚内侧；左拳外旋，肘内裹至胸前；右拳下落至右腿侧；面向西。（图1-174）

图1-174

2. 右步右摇摇

左脚落地后，身体左转90°，右脚从左腿内侧提起，左拳下落在身体左侧；右臂顺人体中线外旋、肘内裹，从外向内划弧至胸前，拳心向内；面向南。（图1-175）

图1-175

右脚向右前方贴地上步，摆步落地成叉步；右拳下落至腹前；重心偏右脚；面向西南。（图1-176）

图1-176

3. 左步左摇

左脚从右腿后侧提起，身体右转45°；左拳随左脚从外向内划弧至胸前；面向西。（图1-177）

图1-177

图1-178

身体左转，左脚向前贴地上步，右脚提起；同时右拳由外向内划弧摆到胸前；左拳下落至身体左侧；上身和头部随势而动，重心偏左脚。（图1-178）

4. 右步右摇

动作同本式第2动。（图1-179、图1-180）

图1-179 　　图1-180

5. 左步左摇

动作同本式第3动。
（图1-181、图1-182）

要领

前脚为实，后脚为虚，两拳随身动前后摆动，两前臂做缠绕圆周运动。

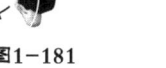

图1-181　　图1-182

二、完整教学

右手右脚从外向内（从右向左）缠绕一圈，左手左脚从外向内（从左向右）缠绕一圈，如此循环四步。

第三十二式　青龙探海

一、分解教学

右脚后插步成左弓步；同时右拳从上向下栽捶，落于左脚尖内侧，拳面向下；左拳后绕到背后腰脊处，拳心向后；面向南。
（图1-183）

图1-183

二、完整教学

右脚右拳提起，再下栽后插步，沿逆时针方向走了一个圆弧，做到上下劲力连贯一致。

要领

落右脚后插成左弓步；右拳下栽时，头正身正不能前倾。

第三十三式　鹞子翻身

一、分解教学

1. 翻身仆步

右转身，重心右移到右脚，左脚变虚，左脚尖内扣，重心再移回左脚，身体下坐，左腿蹲下成右仆步，右脚尖翻起上勾；同时腰胯向右旋转带动右肘臂外旋，右拳从左下划弧至脸前，左拳从身后向上划弧收至脸前，与右拳拳心相对；面向西北，上身尽量坐直，头顶上顶，保持平衡。（图1-184）

图1-184

2. 并脚握缰

身体右转，旋腰转胯，右脚前脚掌下压落地，左腿蹬起并向前和右脚并步，两腿微屈；两手握缰，拳心向前，停于胸前；面向北。（图1-185）

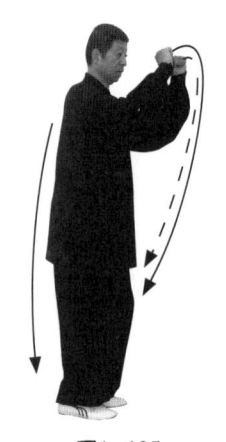

图1-185

3. 蹲身提缰

下蹲，重心落在右脚；两手握拳顺时针从右上向左下环绕划弧，落至膝前，拳心相对，拳面向下。（图1-186）

图1-186

4. 上步拍脚

两臂旋转，两拳向上继续沿顺时针方向从左下向右上环绕划弧到脸前，拳心向后；左脚向前上一步，身体站起。（图1-187）

图1-187

右脚上踢过肩；同时两拳变掌，右掌向前拍击右脚面，左掌在胸前；目视右手。（图1-188）

图1-188

5. 弓步十字手

拍脚后，右脚向前落地；两手随右脚下落在两腿侧。接着左脚向斜前方上步成左弓步，同时两掌从身体两侧经腹前前推到胸前交叉，左手在上，右手在下，掌心向外；面向东北。（图1-189）

图1-189

要领

翻身下蹲前先变左虚步，然后脚尖内扣转动腰胯再下坐到左脚后跟处，蹲身提缰，翻身压右脚尖，起身直立拍脚。

二、完整教学

两掌连续转两个圈，下蹲仆步第一个圈，蹲身提缰第二个圈，一圈赶一圈，连绵不断，环环相扣。手脚上下协调一致。为增加弹跳力和提高腿部力量，年轻人也可以把上步拍脚换成腾空二起拍脚。

第三十四式　分门桩抱膝

一、分解教学

1. 开门迎客

身体右转45°，微后坐，重心在右脚，保持中正；同时两前臂向两侧拨开，犹如双手开门状；同时身体后坐，重心后坐在右脚，头部仍要正直。（图1-190）

图1-190

图1-191

2. 托掌抱膝

两掌继续向下划弧，落到两腿两侧；右脚左转的同时左脚回收至右脚前方，成左虚步；面向北。（图1-191）

左膝屈起上抬，脚尖自然下垂；双手夹肘，手心向上从左膝两侧上托掌。（图1-192）

要领

两掌分开时沉肩坠肘，忌抬肩挺胸，抱膝要高平且稳，目视正前方。

图1-192

二、完整教学

两掌分开夹臂上托，犹如接抱一个大圆球到身前；两手上托与膝顶同时完成。

第三十五式　蹬脚前蹬跟

一、分解教学

1. 托抱前按

两掌相对上托到脸前时，膝继续高提，脚尖上勾。随即两手向前翻按；同时左脚尖向上，脚勾起用脚跟向前上蹬出；面向北。（图1-193、图1-194）

图1-193　　　图1-194

2. 手脚下落

右支撑腿屈膝略下蹲，左腿和双掌下落，右掌置于腿内侧，左掌在身体左侧。左脚不落地而虚悬；重心下坐。（图1-195）

图1-195

要领

盘打蹬踢抢中膛，蹬按手脚一致，身体中正，起落快慢均匀。

二、完整教学

两掌上托从前向后旋转，完成一收。蹬按从后向前旋转，完成一放。一正一反两个圈，做到收放自如。

第三十六式 分马掌

一、分解教学

1. 左手左脚划弧转圈

接上动，松胯；右手从身前中线举起至头右侧上方，左手收至裆前，掌心向右。（图1-196）

图1-196

图1-197

图1-198

身体以右脚前掌为轴向右旋转225°；右手从上向下划弧至右腿侧，左手、左脚向上划弧，头上顶，随即左脚下落到右脚侧，左手停于头左侧上方；面向西。（图1-197、图1-198）

2. 右盘捋

左手下落到左腿侧；右掌由下向上，向怀内划弧至脸前，指尖朝上，掌心朝左，肘尖下垂，如作捋状；同时右脚屈膝回勾，脚跟扣向裆部。（图1-199）

图1-199

3. 右蹬撩

左腿支撑，右脚向右上方蹬出，脚跟着力；右掌从脸前落下，随脚蹬出方向沿右脚内侧向外撩掌，掌沿着力，掌心向外，指尖向下。（图1-200）

图1-200

图1-201

4. 左盘揖

蹬撩完成后，右手、右脚上绕圈然后再从中线下落，身体右转身180°，左脚提起，右腿独立；左手、左脚从左下向右上绕圈划弧，左手划到脸前，指尖朝上，掌心朝右，肘尖下垂，如作揖状；面向东站立。（图1-201）

5. 左蹬撩

右腿支撑，左脚向左上方蹬出，脚跟着力；左掌从脸前落下，绕左腿内侧，随脚蹬出方向撩掌，掌沿着力，掌心向外，指尖向下。（图1-202、图1-203）

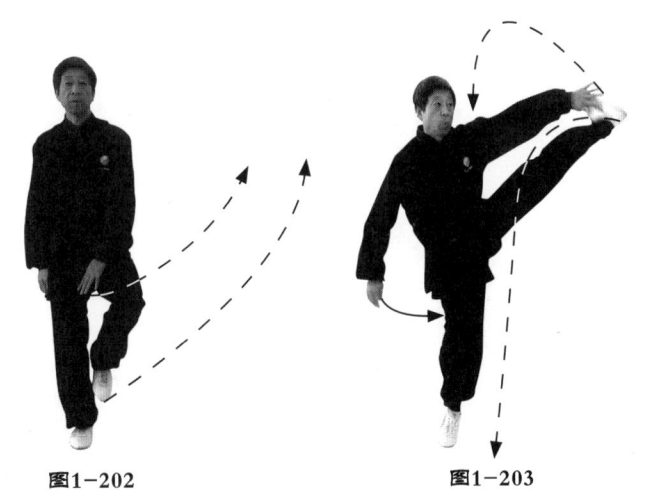

图1-202　　图1-203

蹬撩完后，左手、左脚向右上划弧经体前下落，左脚下落在右脚内侧，左手下落于左腿侧，掌心贴裤缝，如预备姿势；上身头部要正；面向东。（图1-204）

要领

旋转时脚领带着手，左右对称，手脚一致，转身拧脚，身体以前脚掌为旋转支撑点，同侧手脚上下相随，分马掌如轻弹身上灰尘，左右对称，身正自然。

图1-204

二、完整教学

左手左脚从外向内旋转一圈，右手右脚旋转两圈，再左手左脚旋转两圈，共五个圆圈。以人体中轴左右对称连续环绕转动，保持动作运行的连贯性。

第三十七式　掩手捶

一、分解教学

两手心相对，沿顺时针方向从左下向右上划弧，左手到脸前，右手到头右上方；右脚实，左脚虚。（图1-205）

图1-205

左脚向左横跨一步成左弓步；同时两手变拳，左前臂端平，肘内裹至心窝，左拳心向身前，右拳向左从左肘弯上冲出；上身不变；面向东北。（图1-206）

图1-206

要领

上肢两手和两臂绕圈划圆，下肢脚胯虚实变化，左肘向心窝合化劲，做到引进落空，右拳向左击打。

二、完整教学

两掌沿顺时针方向划一圈再变拳，左臂右裹引进落空，右拳从右向左击打，以身法带动手相互配合。

第三十八式　抱头推山

一、分解教学

1. 左七寸肘（左抱头推山）

重心略移至右腿，再转腰胯，左腿下蹲，重心左移成右仆步；左拳变掌在左腿外内滚下压至左脚外侧，指尖向前；右拳变掌向右上划弧至头右侧太阳穴处，指尖向上，掌心向脸；头部领起，身体端正，掌握好平衡。（图1-207）

图1-207

2. 右七寸靠（右抱头推山）

左腿蹬伸，旋转腰胯，身体右移，右腿慢慢蹲下成左仆步，两脚尖向前；右肘带臂内旋向下按压至右脚外侧，指尖向前；左掌上划至脸前，掌指向上，掌心向右；头部上领，身要正；面向东。（图1-208）

图1-208

要领

头领身正，沉肩坠肘，肩胛骨松沉，胯根松下。脊椎节节松下。

二、完整教学

左七寸肘，左臂内旋沿顺时针方向绕一个圈，右七寸靠，右臂内旋沿逆时针方向绕一个圈，左右各一个圈，完成抱头推山动作。熟练后放在太阳穴和脸前的手可落至腹前，在下蹲时内侧与外侧手同步运转。

第三十九式　白鹤亮翅

分解教学

1. 左劈金刚

上身直起，身体左转45°成左弓步；同时左掌从脸前，右掌从右脚侧，两掌同步向左上方摆掌至胸前方，两掌相距一前臂远，掌心左右相对。（图1-209）

图1-209

图1-210

2. 束翅欲飞

两掌从左上向右下落至腿外侧。指尖向下；同时左脚收到右脚侧，重心落在左脚；上身领起；目视前方。（图1-210）

3. 白鹤亮翅（右）

两掌从下向上，左掌从腹前沿中线至脸前，右掌从体侧过肩后上抬到头侧上方，两掌心相对，指尖向上；左腿随手上抬慢慢站直，右脚提起，成左腿单腿支撑；面向东。（图1-211）

图1-211

其余同第四式白鹤亮翅

4.白鹤亮翅（右）相应动作。

（图1-212、图1-213）

图1-212　　图1-213

第四十式　单鞭

分解教学

动作同第五式单鞭。

1. 双手云鞭

如图1-214、图1-215所示。

图1-214 　　图1-215

图1-216 　　图1-217

2. 右手握鞭

如图1-216、图1-217所示。

3. 左手按鞭

如图1-218、图1-219所示。

图1-218　　图1-219

第四十一式　前后照

一、分解教学

1. 左转右抽手

沉肩松肘，左手下落到体侧至胯高；右手上抬，右臂半弯曲向左划弧，带动手、肘、肩同步左摆，手与胸高，肘向胸窝收；同时右腿也向左侧摆动，胯、膝上下同步摆动划弧，重心移向左腿成横裆步。（图1-220）

图1-220

2. 右转左抽手

身体右转135°成右弓步；右手在胸前不动；左手随身体右转往右平行划弧，到身前中线，高与鼻尖平；两掌心相对，左手在前。（图1-221）

图1-221

右手沿左掌背上向前送劲，左手回拉胸前，变成右手在前左手在后，两手心相对如勒马势；重心同时移向左腿，右脚回收半步变右虚步；面向南。（图1-222）

沉肩坠肘，上下合住劲，身正头领。

> **要领**
> 右手左挥和左手右挥要和腿下动作一致，都划一个水平面弧线。

图1-222

二、完整教学

向左、向右分别划了一个平圆，左手抽拉、右手前送阴阳对称，脚下虚实分明。

第四十二式　野马分鬃

一、分解教学

1. 右分马鬃

右侧手脚与身体从内向外沿顺时针方向划圈，右掌带臂内旋向右前螺旋送按；左掌下落至左腿侧；右脚向前趟地而行，小腿如蹚泥，膝有向上提纵之感，胯催膝行，身要跟上，重心在左腿。（图1-223）

图1-223

头领身正，坐胯裹臀；右脚尽量前探，平缓落地，重心前移成右弓步；左手自然下垂护裆；右手送按高不过鼻尖；面向南。（图1-224）

图1-224

2. 左分马鬃

左侧手脚与半边身体从内向外沿逆时针方向划圈，左掌带臂内旋向左前螺旋送按；右掌下落至右腿侧；左脚向前跐地而行，小腿如蹚泥，膝有向上提纵之感，胯催膝行，身要跟上，重心在右腿。（图1-225）

图1-225

头领身正，坐胯裹臀；左脚尽量前探，平缓落地，重心前移，成左弓步；右手自然下垂护裆；左手送按高不过鼻尖；面向南。（图1-226）

图1-226

3. 右分马鬃

同本式1.右分马鬃。（图1-227、图1-228）

图1-227    图1-228

> **要领**
>
> 头顶上领，下颌微含，沉肩坠肘，两臂螺旋前送。上面胯催背、背催肩，肩催肘手进。下面胯催膝，膝催脚行，脚跐地面，轻松向前滑进，如履薄冰，做到手脚一致。

二、完整教学

手脚从内向外连续缠绕弧形前进，如螺旋一样环环前送挤按，循环往复，交错前行，身法要中正、步法跟上。

第四十三式　玉女穿梭

一、分解教学

1. 蹬脚转身

左脚前上半步，右脚向前上蹬出；右手向前推出至右脚上。（图1-229）

图1-229

右脚蹬完后屈腿回收；同时右手在上回按，左手在下前托，掌心相对，相距一前臂远，如抱球状；面向南。（图1-230）

图1-230

两手抱球以顺时针方向向右翻转，左手在上，右手在下，手心相对；右脚外摆落地，重心前移，身体右转45°头身正直；面向西南。（图1-231）

图1-231

2. 挥臂后扫

左脚向右脚前上一步，重心移至左脚；两手抱球不变；面向西。（图1-232）

图1-232

左脚跟外摆，身体后坐并右转，重心落在左脚；面向西北。（图1-233）

图1-233

以左脚跟为原点，身体右转，右脚贴地横扫半个圆，脚尖轻轻点地于左脚前；右手同时外旋从左前臂内向上摆至额前；左手同时下落至体左侧。（图1-234）

图1-234

右手过头上向右侧划弧停于身体右侧，高与肩平；右脚继续向右侧扫腿成右侧弓步。（图1-235）

图1-235

要领

手转、身转、脚拧，扫腿连贯，手脚一致。

二、完整教学

向前走四步，前三步双手抱球转一小圈，第四步右臂过头顶划一个大圈，右脚蹬、勾、扫，脚法多变，完成玉女穿梭。

第四十四式　白鹤亮翅

分解教学

动作同第四式白鹤亮翅。

1. 束翅欲飞

如图1-236所示。

图1-236

2. 白鹤亮翅（左）

如图1-237～图1-240所示。

图1-237

图1-238　　　图1-239　　　图1-240

3. 右旋左转身

如图1-241、图1-242所示。

图1-241 　　　　图1-242

4. 白鹤亮翅（右）

如图1-243～图1-245所示。

图1-243 　　　　图1-244 　　　　图1-245

第四十五式　单鞭

分解教学

动作同第五式单鞭。

1. 双手云鞭

如图1-246、图1-247所示。

图1-246 　　　　图1-247

2. 右手握鞭

如图1-248、图1-249所示。

图1-248　　图1-249

3. 左手按鞭

如图1-250、图1-251所示。

图1-250　　图1-251

第四十六式　云手

一、分解教学

动作同第二十五式云手。

1. 右上左下

如图1-252～图1-254所示。

图1-252　　图1-253　　图1-254

2. 左上右下

如图1-255~图1-257所示。

图1-255 　　　　图1-256 　　　　图1-257

3. 右上并脚、右下并脚

左脚尖对东北方向不变；左手下落至裆前；右手从中线向上划弧到鼻尖。（图1-258）

图1-258

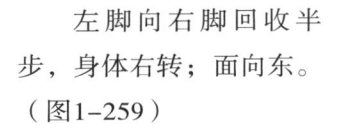

左脚向右脚回收半步，身体右转；面向东。（图1-259）

图1-259

右手从上经外侧下落到身体右侧的同时；左手收至体左侧；右脚向左脚回收半步成并步。（图1-260）

要领

两手云手轨迹在身前各绕一个圆，绕圆时肘要内裹，合肘，腿要送劲，两手各管半边身，脚尖随云手同步转换虚实。

图1-260

二、完整教学

右手从左向右沿顺时针方向划圆，左手从右向左沿逆时针方向划圆，左右连续划三个立圈，以胯带动腰椎、胸椎转动传递，椎骨环环相扣，如行云流水，连绵不断，浑圆一体。

第四十七式 童子拜佛

一、分解教学

双手拜佛

左右手掌合十由下向上沿身体中线上举过头顶；两腿站直，头顶领起，重心在中，外形不露。（图1-261、图1-262）

图1-261 　　图1-262

要领

双手心相对，放于胸前。

二、完整教学

双脚并立，屈膝松胯，天地人三才合一。

第四十八式　跌叉

一、分解教学

1. 提右膝双峰贯耳

两掌从中线分开同时经两侧向下划弧，此时重心移至左脚，右腿屈膝上提，两手变拳随提膝从两侧向膝前划弧合击，当膝停于最高点时，双拳在膝前拳面相对，拳心向下。（图1-263）

图1-263

两拳继续向上过头顶交叉、右拳在下。（图1-264）

图1-264

2. 提左膝双峰贯耳

两拳从中线分开同时经两侧向下划弧，右脚下落至左脚侧，此时重心移至右脚，左腿屈膝上提，两拳随提膝从两侧向膝前划弧合击，当膝停于最高点时，双拳在膝前拳面相对，拳心向下。（图1-265）

图1-265

图1-266

两拳再继续上抬到头顶，两前臂交叉，左拳在下。（图1-266）

3. 仆步跌叉

右腿屈膝下蹲，左脚向左伸出成左仆步；随下蹲双拳变掌从上向下落，两臂向两侧伸展劈掌，双掌心向前。（图1-267）

图1-267

要领

顶膝与拳打，震脚与仆步伸臂同时完成。

二、完整教学

双峰贯耳膝顶裆，拳膝上下配合，两拳同时从内向外绕两个圆，连环击打意要在先。

第四十九式　扫堂腿

一、分解教学

横扫千军

重心左移成左侧弓步。（图1-268）

图1-268

左脚尖左转，右脚贴地面，脚尖内扣向左扫180°，右脚扫后并于左脚内侧，脚前掌虚步点地，左腿半蹲；同时右掌随右扫脚向左抽掌至胸前，臂伸直指向西方；左掌收至头左侧；上身中正；面向西。（图1-269）

要领

扫腿时身要正，臂要平伸，忌摇摆。

图1-269

二、完整教学

身体水平左转，右脚横扫一圈，手脚一致，转动抽拉、横扫保持身体平稳。

第五十式　左金鸡独立

一、分解教学

1. 左手下捋头

左掌过头顶绕到头后；右掌从胸前上抬至脸前方；重心移至左腿。（图1-270）

2. 右手下捋头

右掌从脸前向上过头顶绕到头后；左掌从头后下落至身体左侧；重心移至右腿。（图1-271）

图1-270

图1-271

3. 左手下捋头，右翻手独立

重心左移；左掌再向上绕至耳后，右掌从耳后沿下颌部下落至身体右侧。（图1-272）

图1-272

图1-273

身体右转45°，右膝上提；左掌从耳后沿下颌部下落至身体左侧；右掌经体前上举至头顶前上方，掌心向左。（图1-273）

> **要领**
> 手和脚如有丝相连，上托下按同时完成，屈胯下沉，身要上长，身如弹簧起伏有序。

二、完整教学

左手从前向后绕头一圈，重心落左脚，右手从前向后绕头一圈，重心落右脚，左手再从前向后绕头一圈，重心落左脚，转动三个圈完成右掌上托、左腿支撑的左金鸡独立。

第五十一式　右金鸡独立

一、分解教学

1. 转身右绕头

右胯带动右膝、右脚向右转45°，右腿屈膝下落在左脚跟侧，左脚右转45°；右掌绕头顶下落至身体右侧，左掌外旋回收梳头绕至头后；面北站立。（图1-274）

图1-274

2. 左手绕头

左掌从耳后沿下颌再顺身前下落至左腿侧，右掌外旋回收梳头绕至头后。（图1-275）

图1-275

3. 右手绕头

右掌从头后沿下颌再顺身前下落至右腿侧下按，掌心向下；左掌由左下向上推至胸前。（图1-276）

图1-276

4. 左掌上托独立

左掌上托至头左侧，掌心斜向上，右掌下按在体右侧，掌心斜向下；左膝上顶，右腿直立，面向北方完成右腿支撑的右金鸡独立。（图1-277）

图1-277

要领

左手梳头翻掌与右掌下落一致，托掌与顶膝一致。

二、完整教学

右手从前向后绕头一圈时重心在右脚，左手从前向后绕头一圈时重心在左脚，右手再从前向后绕头一圈时重心在右脚，转动三个圈完成左掌上托、右腿支撑的右金鸡独立。

第五十二式　绕环按蹦

一、分解教学

1. 绕环拉转

左臂外旋屈肘下沉，掌指向上，掌心向脸，上肢的肩、肘、手，下肢的胯、膝、脚前后绕环一周，划一个立圆如蹬车状，左膝提到最高点。（图1-278）

图1-278

2. 按掌蹦腿

接着左脚向后退步，脚前掌贴地，脚跟微外摆，小腿后蹦弹直与大腿后侧成一条直线，右腿前弓成右弓步；左手前按，掌心向前；上身和头部保持中正不偏；面向北。（图1-279）

图1-279

要领

手脚绕圈如蹬车，头领身正要自然。

二、完整教学

左半身前后环绕一圈后，前按和后蹦腿要上下一致，合劲完整。

第五十三式　倒捲肱

分解教学

动作同第十九式倒捲肱。

1. 右倒捲肱

如图1-280、图1-281所示。

图1-280

图1-281

2. 左倒捲肱

如图1-282、图1-283所示。

图1-282 　　　　图1-283

3. 转身捲肱

如图1-284～图1-288所示。

图1-284 　　　图1-285 　　　图1-286

图1-287 　　　图1-288

4. 合手右白鹤亮翅

如图1-289~图1-292所示。

| 图1-289 | 图1-290 | 图1-291 | 图1-292 |

第五十四式　合手左白鹤亮翅

分解教学

动作同第二十式合手左白鹤亮翅。

1. 搏击长空

如图1-293、图1-294所示。

| 图1-293 | 图1-294 |

2. 合手左白鹤亮翅

如图1-295～图1-298所示。

图1-295 　　图1-296 　　图1-297 　　图1-298

第五十五式　斜行

分解教学

动作同第八式斜行。

1. 乌龙摆尾

如图1-299～图1-303所示。

图1-299 　　图1-300

图1-301 　　图1-302 　　图1-303

2. 右转左按

如图1-304所示。

图1-304

3. 左转右按

如图1-305所示。

图1-305

第五十六式　闪通背（海底针）

分解教学

动作同第二十二式闪通背。

1. 左金刚抄手

如图1-306、图307所示。

图1-306　　图1-307

2. 右金刚劈手

如图1-308所示。

图1-308

3. 左弓步前撩掌

如图1-309所示。

图1-309

4. 上托后坐

如图1-310所示。

图1-310

5. 翻手前按

如图1-311所示。

图1-311

6. 右转左提划圈

如图1-312～图1-314所示。

图1-312 　　　　　　图1-313 　　　　　　图1-314

7. 左转右提划圈

如图1-315～图1-317所示。

图1-315 　　　　　　图1-316 　　　　　　图1-317

8. 海底寻针

如图1-318所示。

图1-318

9. 上步托掌（闪通背）

如图1-319所示。

图1-319

图1-320

第五十七式　白鹤亮翅

分解教学

动作同第四式白鹤亮翅。

1. 白鹤亮翅（左）

如图1-320～图1-323所示。

图1-321 　　　图1-322 　　　图1-323

2. 右旋左转身

如图1-324、图1-325所示。

图1-324

图1-325

3. 白鹤亮翅（右）

如图1-326～图1-328所示。

图1-326

图1-327

图1-328

第五十八式 单鞭

分解教学

动作同前第五式单鞭。

1. 双手云鞭

如图1-329、图1-330所示。

图1-329　　　　图1-330

2. 右手握鞭

如图1-331、图1-332所示。

图1-331　　　　图1-332

3. 左手按鞭

如图1-333、图1-334所示。

图1-333　　　　图1-334

第五十九式　云手

分解教学

动作同第二十五式云手。

1. 右上左下

如图1-335～图1-337所示。

图1-335 　　　　　图1-336 　　　　　图1-337

2. 左上右下

如图1-338～图1-340所示。

图1-338 　　　　　图1-339 　　　　　图1-340

3. 右上左下

如图1-341～图1-343所示。

图1-341 　　　　图1-342 　　　　图1-343

第六十式　十字单摆脚

一、分解教学

1. 进步十字手

左脚向前上步，重心前移至左腿；右掌向正前方划弧收到胸前。右脚向左脚并步，停于左脚内侧，脚前掌落地，左实右虚；同时左掌从右前臂内侧向上穿出，左掌指尖向上和鼻尖同高，右掌指尖向前和胸窝同高，两臂左内右外，成十字交叉于胸前；两腿内扣裹裆敛臀，和手配合上中下三盘护住身体，进能攻，退能守，头身正直；面向东南。（图1-344）

图1-344

2. 撤步十字手

右脚向斜后退一步，左脚随之退一步，脚前掌着地，虚贴于右脚内侧，重心落于右腿，两腿屈膝；随脚后撤，两臂十字向左逆时针翻转，变成左下右上十字手，并且右手心向左下方，手指向前，左手心向右上方，手指向右；面向东南。（图1-345）

图1-345

图1-346

3. 进步拍脚

左脚向前上步，变左弓步；同时两手臂十字向右顺时针翻转，变成左上右下十字手，左手心向下，右手心向上。（图1-346）

右脚向左前方踢腿外摆脚；同时，左掌从右臂上向前穿出拍右脚面，击脚有响声；右臂随右摆脚下落在右胯外侧，以配合腿上踢之势。（图1-347）

图1-347

4. 撤步转身拍脚

右脚下扣回收不落地，继续向左后方撤步落地，身体右转；左脚随转身，前脚掌右转并向西北方向踢腿外摆脚；同时，右手向前穿出拍左脚面，击脚有响声；左臂随左摆脚落在左胯外侧，以配合腿上踢之势；面向东南。（图1-348）

图1-348

要领

穿掌时，要对准身前中线。脚上步、退步要和十字翻手合住，摆脚从中线向侧上划弧。脚要有上踢外摆向下回扣的感觉，上下都有着法。

二、完整教学

上左步第一个十字手重心在左脚，撤步第二个十字手重心在右脚，双手落下重心转换至左脚，双手上抬旋转重心又转换至右脚，上左脚第三个十字手又转换至左脚。通过重心的不断调整变化，练出轻灵圆活、阴阳颠倒的绝技。

第六十一式　吊打指裆捶

一、分解教学

1. 左撤步举捶

拍脚后，左脚向左后方回扣，弧形下落到身左后侧，脚前掌落地，重心移向右脚；左手变拳随左脚下落收至裆前，拳心向左；右手变拳，上举至右耳侧，拳心向左。（图1-349）

图1-349

2. 指裆下打

身体左转成左弓步；右拳下落击打于裆前，拳心向右；左拳从身侧后摆于背后；面向东。（图1-350）

图1-350

要领

右手领着右脚转身摆落，两拳上下对拉划弧，上下合住劲，身正头领。

二、完整教学

两掌变拳，左拳下落向后绕一个圈，右拳过头顶从后向前绕转一个圈，两拳上下对称均匀绕动。

第六十二式 金刚三大对

分解教学

动作同第二式金刚三大对。

1. 左金刚抄手

如图1-351所示。

图1-351

2. 右金刚劈手

如图1-352、图1-353所示。

图1-352 图1-353

3. 左弓步前撩掌

如图1-354所示。

图1-354

图1-355　　图1-356

4. 上托后坐

如图1-355、图1-356所示。

5. 翻手前按

如图1-357所示。

图1-357

图1-358

6. 搬拦戳点

如图1-358所示。

第六十三式　懒插衣

一、分解教学

动作同第三式懒插衣。

1. 左托抱球

如图1-359所示。

图1-359

2. 右托抱球

如图1-360所示。

图1-360

3. 懒汉插衣

如图1-361～图1-363所示。

图1-361 　　　图1-362

图1-363

要领

掌心相对，怀抱阴阳太极球匀速转动，双臂随之滚动，手脚上下一致。

二、完整教学

第一圈左托抱球两掌左右旋转,第二圈右托抱球两掌前后旋转,第三圈单手或两掌同时向右沿顺时针方向划圈,注意上下动作一致和劲路传递,最后弓步要跨大一些。

第六十四式　右砸七星

一、分解教学

1. 回身上挑

身体左转,重心向左移,右腿伸直成左弓步;右掌带左掌向左下,再向左上划弧,右掌划弧至左肘内侧,左掌停于身体左上方略高于头,掌心向前;身头正直;面转向东。(图1-364)。

图1-364

2. 转身右砸

身体右转下蹲,右脚尖上勾,身体坐正,不要前俯;右掌过头顶沿顺时针方向向右划一个大圆,下落在伸直的右小腿上方,掌心向前,指尖对向右脚尖;左掌随右掌也沿顺时针方向向右划弧,停于左太阳穴处;面向东南。(图1-365)

图1-365

要领

手划圆带脚左右旋转,扩大两脚间距离(左脚尖左摆,右脚跟右摆,再左脚跟左摆),然后下坐。

二、完整教学

两掌同时沿顺时针方向划一个圆，变右仆步完成右砸七星。

第六十五式 擒拿

一、分解教学

1. 弓步採手

左脚蹬地，左腿伸直，重心右移变右弓步；同时右臂向右伸直前探再回收至胸前；左臂下落插于腹前。（图1-366）

左掌从右臂下穿入握拳；同时右掌握拳回拉；面向东南。（图1-367）

图1-366

图1-367

2. 转身劈拳

转身向左，重心左移变左弓步；同时两拳由右过脸前向左双劈拳，左拳在体前，拳眼向上，拳面向前，拳与鼻尖同高，右拳在左肘内侧；面向北。（图1-368）

要领

起身要缓慢，右脚尖落地左脚随，採手拧臂身左转，保持身正形整。

图1-368

二、完整教学

两掌变拳同时沿逆时针方向划一个圆，右弓步变左弓步，上下手脚一致。

第六十六式　回头看画

一、分解教学

1. 旋臂提膝

身体右转变右弓步；双拳随转身向右下划弧下落至右腿两侧。（图1-369）

图1-369

图1-370

左肘外旋，左勾拳和肘外旋内裹至脸前，肘尖向心窝处裹，同时左脚蹬地屈膝上提，身体向左转45°；面向东。（图1-370）

身体继续左转45°，左拳下落，右拳随右臂外旋勾拳至脸前，左拳置于右肘下方；同时左脚落地单腿支撑，右脚蹬地屈膝上提；面向东北。（图1-371）

图1-371

2. 马步下击

右脚向右前方落地；右拳在右腿外侧下击到右膝外；身体左转成马步靠；左拳随身下蹲而上击至左脸侧，拳面向上；面向北。（图1-372）

图1-372

图1-373

3. 双拳托举

身体左转90°，左拳下落在左腿侧，变左弓步。身体微后坐，重心在右腿，左脚尖微抬起；双拳从下向上托举至胸前，双拳拳心向后；面向西。（图1-373）

4. 双拳前击

重心前移至左脚，右脚从左脚内侧向前滑行一大步，左脚随即前跟半步，两腿屈膝，右腿承受体重；两拳从胸前向下再向前弧形前击；面向西。（图1-374）

图1-374

要领

左臂上划将左膝带起，右臂上划将右膝带起；两拳上下击打，左右对称；两拳前击时手脚一致，力贯两拳。

二、完整教学

左手左膝由前向后划一个圆，右手由前向后划一个圆，身体前后回卷一个圆，带动双拳前后回勾内旋。双拳前击在胸前平转一个小圆。共四个圆连环相扣。

第六十七式　白鹤亮翅

分解教学

1. 束翅欲飞

双拳变掌沿逆时针方向从前向左上、左下划弧，左掌落至左腿侧，右掌落至裆前；重心左移，右脚收至左脚内侧两腿屈膝，左实右虚；面向西。（图1-375）

图1-375

图1-376

图1-377

2. 白鹤亮翅

动作同第四式白鹤亮翅（右），方向、左右相反。（图1-376、图1-377）

第六十八式　单鞭

一、分解教学

1. 双手云鞭

重心落于左脚，左实右虚；两掌合住劲，从右下划弧至脸前，掌心相对，指尖向上。随即身体重心下降；两掌再分别向左、向下划弧，落于腹前和左腿侧，掌心相对，掌指朝下。（图1-378、图1-379）

图1-378 　　图1-379

2. 右手握鞭

右手右脚从下向右上沿逆时针方向划弧，右手至胸前，随即右手右脚下落，重心落于右脚，右手下落至体侧，同时左手从下沿体前中线上提至胸前。（图1-380、图1-381）

图1-380　　图1-381

3. 双手甩鞭

左脚向左横跨一步，变左弓步；两掌从胸前向左甩出，左掌在前，右掌在后，掌心相对；面向西南，形似左金刚式。（图1-382、图1-383）

要领

手脚相随，上下齐动，虚实分清，转换轻灵。

图1-382 　　图1-383

二、完整教学

此式两掌连续沿逆时针方向划3个圆，上下一致，脚下虚实转换分明。

第六十九式　左砸七星

一、分解教学

1. 右转举掌

身体右转，重心右移成右弓步，上身正直；两掌在身前从左向右沿逆时针方向由下向上划弧，左掌停于胸前，右掌停于右前方，两掌相距一前臂远；面向西北。（图1-384）

图1-384

2. 回身下劈

腰胯向左转动随重心向下移，右腿缓缓蹲下，臀部坐在右脚跟部，左腿仆地，脚尖勾起朝上；随身体下坐，带左掌过头顶由脸前向左下劈掌于左小腿上，右掌仍在右脸侧；面向西南。（图1-385）

图1-385

要领

双掌划圈下劈要与双脚相配合，做到上下一致。下蹲成左仆步后，身体尽量坐直，胯根松开。

二、完整教学

两掌沿逆时针方向划一个大圆。从左弓步变右弓步，再变成左仆步，通过转动右脚尖外摆，左脚跟外摆，再右脚跟外摆，左脚尖翘起，依次调整两脚的距离，达到最合适、放松的最佳状态。

第七十式　擒拿

一、分解教学

1. 弓步採手

左脚尖下落地，右脚蹬地，重心左移变左弓步；同时左臂向左伸直前探再回收；右臂下落插入腹前。（图1-386）

图1-386

右掌随即从左臂下前穿握拳；左掌变拳回拉，拳心向下；面向南。（图1-387）

图1-387

2. 转身劈拳

重心右移，向右转身成右弓步。同时两拳由左过脸前向右劈拳，右拳在前，拳眼向上，拳面向前，拳与鼻尖高，左拳在后；上身立正；面向西北。（图1-388）

图1-388

要领

起身要缓慢，左脚尖落地右脚跟随，採手拧臂身右转，保持身正形整。

二、完整教学

两掌变拳同时顺时针划一个圆，左弓步变右弓步，上下手脚一致。

第七十一式 跨虎

一、分解教学

1. 勾拳提膝

两拳从下向上外旋，右拳变勾至面前，左拳向下压在右肘下，拳心向下；同时重心左移，带动右膝上抬；左腿单腿支撑；头领身正；面向西南。（图1-389）

图1-389

2. 落脚划圆

右脚向左脚内侧落地，左腿提膝上顶；两拳从中线交叉下落，左拳在里，右拳在外，然后再从两侧向上各划一个圆于中线交叉再下落，左肘下砸至胸前，左拳停于脸前，右拳停于左肘下。（图1-390）

图1-390

3. 蓄劲待发

身体右转45°，左脚下落至右脚侧，重心移于左脚，右脚成虚步；左拳下落摆至背后，右拳下落至小腹前。（图1-391）

图1-391

4. 起脚跨虎

右脚落实，左腿屈膝带起，左脚从左下向右上勾踢旋转135°，下落至右膝前；两拳变掌，由下向右上弧线摆起至脸前；面向东。（图1-392）

图1-392

左脚向左前方上步屈膝成左弓步；双掌停于脸前，手指向上。（图1-393）

图1-393

要领

双掌上领，脚提悬划弧，手领脚勾接旋转，上下配合一致。

二、完整教学

右勾拳右顶膝，左砸肘左顶膝，路线各成上下一纵圈，起脚跨虎斜横圈，三个连续的圈构成一个立体圆。

第七十二式　双摆脚

一、分解教学

1. 双拍右脚

右脚向上外旋摆踢，至最高处时，两掌击脚面，击而有声；头顶上领，保持平衡；面向东。（图1-394）

图1-394

2. 转身双拍左脚

身体右转，右脚向右后方弧线下落成右弓步；同时两手下落在腹前；面向西南。（图1-395）

图1-395

左脚再向左上外旋摆踢，至最高位时，两掌拍击脚面，击而有声。（图1-396）

图1-396

要领

两手连拍，劲整声脆，下落用脚前掌后扣，有上踢下回挂之意。

二、完整教学

两手连续拍击右脚和左脚，控制好身体的平衡。不断提高柔韧性和灵活性。

第七十三式　弯弓射虎

一、分解教学

1. 回身提拳

拍完左脚，左转身带动左脚在身前下落，右腿独立；两掌向上过头顶后握拳；面向东南。（图1-397）

图1-397

2. 弯弓射虎

身体左转45°，左脚向左前方上步变左弓步；双拳从头顶向前落下，左拳在前同头顶高，右拳在后同咽喉高，两拳心向下，手如拉弓；面向正东。（图1-398）

图1-398

要领

以身体为轴带动膝、脚、肘、手一起运动，头领身正，臂膀撑圆。

二、完整教学

拍完左脚后，脚和手同步从上向下划一个圆弧，做到同步运转、上下协调，身活劲整，圆活自如。

第七十四式　金刚三大对

分解教学

动作同第二式金刚三大对。

1. 左金刚抄手

如图1-399所示。

图1-399

图1-400　　图1-401

2. 右金刚劈手

如图1-400、图1-401所示。

3. 左弓步前撩手

如图1-402所示。

图1-402

图1-403　　图1-404

4. 上托后坐

如图1-403、图1-404所示。

5. 翻手前按

如图1-405所示。

图1-405

6. 搬拦截点

如图1-406所示。

图1-406

第七十五式　收势

分解教学

1. 外开手

接上式，右拳变掌，两掌从腹前下落，经体侧两臂自然弯曲，两掌心缓缓上抬并外旋至肩侧上方。（图1-407）

图1-407

2. 里合手

两掌继续上抬过耳至头上方，掌心相对；同时左脚向后退一步，成右弓步。（图1-408）

图1-408

两掌从头上下落，两手臂下落时内旋经体前至小腹前；同时右脚后退至左脚侧，右脚脚前掌虚点地，两脚开肩站立。（图1-409）

图1-409

两手从腹前下落至腿侧，右脚跟随之落地踏实，两脚与肩同宽站立。（图1-410）

图1-410

要领

头要领起，骨节放松，呼吸自然，手向中线合。

贰 太极拳道着法应用

第一式　起势

（1）乙方（着浅色服装者）出两手推甲方胸部时，甲方（着深色服装者）两臂从外向内缠绕并向后引化乙方双手，使其落空，同时向前方上左步，控制对方重心，两手从上向前下方合劲按压乙方胸部、两肩，使其向后跌出。（图2-1～图2-3）

图2-1

图2-2 　　　　　　　　　　图2-3

（2）乙方出两手搂抱甲腰时，甲方先进身，两手托住乙方面颊部位，同时向前方上左步，控制对方重心，两手向前发劲使乙方向后跌出。（图2-4～图2-6）

图2-4 　　　　　　图2-5 　　　　　　图2-6

（3）乙方两手搂抱甲双肩时，甲方两手从下向上托乙方两肘，举向头前上方，同时左脚向乙方身后进步，控制乙方的重心，两手从上向下合劲发放，将其向后跌出。（图2-7～图2-9）

图2-7

图2-8

图2-9

（4）乙欲抓甲方两手时，甲方两手拇指抓乙手心，其余四指抓乙手背，两手从外缠绕乙方手腕上领至头上，两手内旋向下采拿，同时左脚进步，使乙方下蹲后仰，甲顺势向前送劲，让乙方向后倒地。（图2-10～图2-12）

图2-10

图2-11

图2-12

如乙方两手被采，身体跟进威胁甲方时，甲方快速翻乙方两手腕，使乙方两肘伸直，送劲到乙方肩部，将乙方向后上方挑出。（图2-13～图2-15）

图2-13

图2-14

图2-15

（5）乙方以左金刚式向甲方进身时，甲方身体右侧向后划劲让空，同时上左步，左掌劈乙方右脸或右颈部，乙方向左躲闪，甲方再以右掌迎击，连续劈乙方左脸或左颈部，使用连环掌击打，让对方防不胜防，抢战先机。（图2-16～图2-18）

图2-16

图2-17

图2-18

第二式　金刚三大对

（1）乙方右脚在前，用右金刚式进攻时，甲右手控制乙右手下落至腹前，左手顺乙方右臂内侧插入脸前，两手控制乙方中轴线，左脚插到乙方身后超过重力线，用身上的整体劲将乙方向前上方推出去。（图2-19～图2-21）

图2-19

图2-20 　　　　　　　　　　　　　　图2-21

（2）乙方左脚在前，用左金刚式进攻时，或乙方欲抱甲方时，甲方左脚在前用左金刚式迎击，右手在内用右臂引划乙方右臂使其落空，然后进左脚控制乙方重心，左手上托乙方下颌部，右手推其胸部，进身向前下方按出，完成左金刚式发劲。（图2-22～图2-24）

图2-22 　　　　　　　图2-23 　　　　　　　图2-24

图2-25

图2-26

图2-27

（3）右金刚式与左金刚式用法相同，甲左手下捋乙方左臂化劲，然后进右步，两手推乙方胸部向前发劲，让其后跌。（图2-25～图2-27）

（4）乙方出右拳或右蹬腿时，甲上左步，同时右手抓乙手或脚腕，左手托其肘或膝部向右划弧让空其劲，使其关节引直，顺其来力的惯性，向右发力，使其跌出。（图2-28～图2-30）

图2-28

图2-29

图2-30

贰 太极拳道着法应用

图2-31

图2-32

图2-33

如乙方用力回拉,甲突然反转向左送劲,控制乙方重心,再左脚使其后倾,然后两手将乙方右手臂折叠在乙方胸前瞬间向后发劲,使其后跌。(图2-31～图2-33)

图2-34

(5)乙方抓甲方胸时,甲方右手抓乙方手腕向自己右下方回拉并反折乙右手指,左手托乙右肘使其右臂伸直,然后向左发劲,使乙方向左弹出。(图2-34～图2-36)

图2-35

图2-36

图2-37

图2-38

（6）乙方前扑过来，甲借其惯性，顺势右手向右捋带乙方右臂，左手拍乙方的右肩或后背合劲，右转身上左脚，使乙前扑倒地。（图2-37~图2-39）

图2-39

（7）双方推手，乙方接甲左手时，甲右手推乙左肘向乙心窝送劲，左手将乙左手向其右肩送劲，同时左脚插入乙方右脚后，然后左脚继续向后插入，控制乙重心后突然向其后发力，使其失重后倒。（图2-40~图2-42）

图2-40

图2-41

图2-42

图2-43

图2-44

图2-45

（8）乙方抓推甲时，甲向后让过其劲，然后左脚插入乙方右脚后，两掌放到乙方胸前，向前上方推按发劲，使乙方向后跌出。（图2-43～图2-45）

（9）乙方右拳打来，甲方右手接乙方右拳，左手抓乙方上臂顺势向右化劲，採拧乙方右臂，然后转身回推乙方胸部使其失重后跌。（图2-46～图2-48）

图2-46

图2-47

图2-48

第三式　懒插衣

（1）双方推手时，甲右手接乙方右手，左手接乙方右肘沿顺时针方向转动，当转动半圈时把乙方右手交给甲左手，甲右手从其臂外侧从下向右上沿顺时针方向缠绕并用右掌拍按对方右肩后部，右脚向右上步，将乙方从甲右侧放倒，左手助之。（图2-49～图2-51）

图2-49

图2-50 　　　　　　　　　图2-51

（2）双方推手时，甲右手接乙方右手，左手接对方右肘沿顺时针方向转动，顺转採拧乙方右肘使其失重后倒地。（图2-52～图2-54）

图2-52 　　　　　　图2-53 　　　　　　图2-54

（3）乙方左拳打来，甲方身体左转化过其劲，同时左手拉其手腕顺势向左引化，右手轻扶其左肘，右脚插入对方左脚外侧让空乙方，然后向右转身，左手抓乙方左手腕使其左臂弯曲向右折叠横向发劲，同时右手推按乙方左肩，左右手合劲使其后倾失重。（图2-55～图2-57）

图2-55

图2-56

图2-57

（4）双人推手时，甲左手接乙方左手，右手接乙方右肘向左拨，同时上右步至乙左脚后，右手反掌抓乙方前颌，左手托乙方下颌，沿顺时针方向转动，採拧乙方头部。右转放倒乙方。（图2-58～图2-60）

图2-58

图2-59

图2-60

图2-61

图2-62

图2-63

（5）乙方右拳打来，甲方右手从外向内缠绕乙右前臂。向右下引划让空，然后向右上顺时针方向旋转用手推按乙方右肩后，向右前方发力。（图2-61～图2-63）

（6）乙方右拳打来时，甲方右手从外格挡，向上缠绕乙方右前臂，右脚外侧控制其重心后，向乙方左后方突然发力，使其后倒地。（图2-64～图2-66）

图2-64

图2-65

图2-66

图2-67

图2-68

图2-69

（7）双方推手，甲左手抓乙方右手腕后上提，右手下按乙方右颈，两手沿顺时针方向折叠合劲，身体右转，使乙右臂被采拿。（图2-67～图2-69）

（8）双方推手，甲方左手接乙方左手，向左下引化，右手放到乙方右颈侧控制对方重心，右脚从乙方脚内侧进步到脚外侧，同时两手向乙方右后方发劲。（图2-70～图2-72）

图2-70

图2-71

图2-72

第四式　白鹤亮翅

（1）乙方推甲左肘时，甲向右化过其劲，用左手採拧其左手，右手向上推其左肘将乙方提起，右脚从乙两脚间向前插入其左脚后，控制乙方重心并向前下发劲，乙方会失去重心向后跌出。（图2-73～图2-75）

图2-73

图2-74 　　　　　　　　　　　图2-75

（2）乙方推甲右肘时，甲向左化过其劲，用右手採拧其右手，左手向上推其右肘将对方提起，左脚向乙方右脚侧面上步，控制乙方重心并向前下发劲，乙方失去重心而向己后跌出。（图2-76～图2-78）

图2-76 　　　　　　图2-77 　　　　　　图2-78

（3）乙左手採甲左手，右手推甲左肘想打甲方高探马时，甲顺乙方的来力向右后化劲，然后反拿，左手抓乙方左手，右手推乙方左肘，身体拔起左转身，两手向左下合劲发力，使乙方向侧前方倒地。（图2-79～图2-81）

图2-79

图2-80

图2-81

（4）乙方左拳打来，甲方左脚后撤半步，左手从外上拨乙左臂，同时右脚进步到乙方身后，用右手掌拍打乙方后脑部，或两手推乙方后背发劲。（图2-82～图2-84）

图2-82

图2-83

图2-84

图2-85

图2-86

图2-87

（5）乙方左拳打来，甲左手从外拨挡乙方左手腕，同时右脚进步到乙方身后，两手推乙方身体左侧面控制其重心后，向前发力，使其侧倒地。（图2-85～图2-87）

第五式　单鞭

（1）乙方右拳打来，甲右手外旋，顺势从外格挡并向右拉乙手腕或点其手穴位，左手从乙右臂外侧插入乙方右颈处，同时左脚进步到乙方身后侧，控制其重心，然后向左外侧发劲。（图2-88～图2-90）

图2-88

图2-89

图2-90

（2）乙方推甲左肘时，甲向右化劲的同时左脚插入乙方右脚后，左臂外旋向左控制乙方头部，继续向左穿入发劲，使乙方向后失去重心。（图2-91～图2-93）

图2-91

图2-92

图2-93

（3）双方推手时，甲右手把乙方左手採住后，两手同时抱住乙方左臂回拉靠近自己的身体，使乙方前臂上下立起，肘尖朝上，手朝下，甲两手同时沿顺时针方向拧转使其臂被控制。甲将乙方左手交给自己的右手，左脚跟进落实，左手从乙方左臂腋下穿出，再逆时针拧转拍按乙方左肩胛骨处，两手同时向左侧进步发劲。（图2-94～图2-96）

图2-94

图2-95

图2-96

图2-97 　　　　　　　　　　　　　　　图2-98

（4）推手时，甲左手推乙右肘，右手推乙方左肘，向内合劲，使乙左前臂弯曲折叠压在自己右臂上，然后甲右手滑向乙方左手腕，左手从乙方胸前穿过放在其颈前，同时进左步插入乙方身后，向左方转身合劲发力。（图2-97～图2-99）

图2-99

（5）乙方左拳打来，甲方右手顺势回拉乙方左手腕，使乙方左臂伸直，同时甲进左步，左手放到乙方左颈控制住对方，然后两手向左前合劲发放。（图2-100～图2-102）

图2-100

图2-101 　　　　　　　　　　　　　　　图2-102

图2-103 　　　　　　　　　　　　　　图2-104

（6）双方推手时，甲右手抓乙右手腕，向自己右侧拉，左前臂搭放在乙方咽喉部位控制对方，然后向自己左下侧发劲。（图2-103～图2-105）

图2-105

第六式　合手左白鹤亮翅

（1）乙方推甲右肘时，甲向左化过其劲后，右手从乙方右臂下插入缠绕并推乙方右手或肘，左手推其肘或肩，同时右脚上步插到乙方裆后下方，用整体的合劲向右前方发力将乙方发出。（图2-106～图2-108）

图2-106 　　　　　　　图2-107 　　　　　　　图2-108

（2）两人推手时，甲右手拇指握乙方右手心，右手四指从乙方拇指侧握乙方手背，双手顺时针转动採拧乙方手腕，同时左脚向左横跨一步。反之如乙方用力回顶，甲立即顺乙方回顶之势，右手上提，左手推乙方右肘，右脚横跨到乙方左脚前，将乙方右肘向其右肩处合劲，使其失重侧倒地。（图2-109~图2-111）

图2-109 　　　　　　　　图2-110 　　　　　　　　图2-111

（3）乙方推甲左臂时，甲左臂顺势向右化劲，左脚向前插进乙方右脚后，再左手拉乙方左手逆时针方向划弧，将乙方左手提起控制其重心，右手推按乙方胸部向对方身后发劲。（图2-112~图2-114）

图2-112

图2-113 　　　　　　　　图2-114

图2-115

图2-116

图2-117

（4）乙方右拳打来，甲向后撤步，左手抓乙方右手腕外旋，随即右脚跟进，右手从下托乙右肘将其提起，然后右脚向右进步插入乙方身后，两手从左上向右下合劲发放乙方。（图2-115～图2-117）

图2-118

（5）乙方右拳打来时，甲右手顺势扶乙方左臂引化乙方，同时左脚滑步到其身后，左手轻扶乙方肩部控制乙方重心，右脚向后勾挂对乙方右腿，左手向右前推按乙方后背，让其前跌。（图2-118～图2-120）

图2-119

图2-120

图2-121

图2-122

图2-123

（6）乙方推甲右臂，甲向左化劲，然后右转身用右手向右下拉乙方右臂，左手推其右肩，同时用右脚从内向外勾挂乙方右腿，脚手上下合劲使乙方失重而前扑倒地。（图2-121～图2-123）

图2-124

（7）乙方推甲右臂，甲向右化劲。乙方进步，甲方也上左步，然后左转身用左手向侧拉乙方左臂，右手推乙左肘，同时用左脚从外向内勾挂乙方右腿，脚手上下合劲使乙方失重倒地。（图2-124～图2-126）

图2-125

图2-126

图2-127

图2-128

图2-129

（8）两人推手，乙方推甲右臂，甲方顺势向左化劲让空，左手推乙方右侧肋骨，用右脚回勾对方左脚，向右发劲使乙失重跌倒。（图2-127～图2-129）

图2-130

（9）乙出右拳打来，甲右手抓乙右手腕，顺势向左跨步的同时右手向右回拉乙方手腕，用右脚勾挂乙方左脚，使其失控倒地。（图2-130～图2-132）

图2-131

图2-132

第七式　斜行

（1）双方推手时，甲右手抓乙方右手腕向自己右下拉，左脚插入乙方身后左脚后，左手由外向内顺乙方上臂内下插，左脚落实，用左臂挤靠乙方使其失重。（图2-133～图2-135）

图2-133

图2-134 　　　　图2-135

（2）当乙方从后抱甲腰时，甲用斜行勾手解脱或击打乙方裆部。（图2-136、图2-137）

图2-136 　　　　图2-137

图2-138

图2-139

图2-140

（3）在推手中，乙方拧甲方左手臂时，甲左脚插步至其右脚后，左手落下用左前臂滚动切击其右腿根，并迅速用肩向左挤靠。（图2-138～图2-140）

图2-141

（4）两人推手，甲左手接乙方左手，用左肘控制乙方左臂达到一手管乙方两手，然后右手离开乙方右手去上托乙方下颌，左脚进步插到乙方右脚侧后，身法同时跟进控制乙方使其向后倾斜，然后左脚再向前推步，同时右掌推乙下颌向后方发劲。（图2-141～图143）

图2-142

图2-143

图2-144

图2-145

图2-146

（5）两人推手，甲右手接乙方右手上拉至头上方，左脚上步插入乙方身后，左肩左臂靠近乙方身体，左手封住其左腿控制住乙方，然后身体向左靠击乙方。（图2-144～图2-146）

图2-147

（6）两人推手，乙方欲拧甲方手臂时，甲方立即顺势臂内缠向外化劲，同时身体快速右转，左前臂压在乙方右大腿根，右手从外抬起乙方右小腿，左压右抬合劲发放。（图2-147～图2-149）

图2-148

图2-149

贰 太极拳道着法应用

141

（7）两人推手时，甲右手落下，右脚落在乙方右脚后，借身体前靠时，左手向右推按乙方左颈部，右手向左托拉乙方左肘，同时右脚回挂乙方右脚，左上右下快速合劲，使乙方失控后跌。（图2-150～图2-152）

图2-150 　　　　　　图2-151 　　　　　　图2-152

第八式　手挥琵琶

（1）乙方右拳打来时，甲右转身让过力点，右手抓拿乙方手腕靠近自己身体右侧外旋，左脚后插步到乙方右脚外侧，右手旋转採拿乙方右手腕，再进左脚，左手向乙方左脚跟发力，使其失重侧倒地。（图2-153～图2-155）

图2-153

图2-154 　　　　　　图2-155

（2）乙方右拳打来时，甲右转身让过力点，右手抓拿乙右手腕靠近自己身体右侧外旋，使乙右臂肘翻起，甲左前臂立即内旋滚动压乙方右肘，採拧其手腕，左勾手顺转压乙方右肘，使乙方右臂腕肘被採而向前栽。（图2-156～图2-158）

图2-156　　　图2-157　　　图2-158

（3）两人推手时，甲方右手拇指抓乙右手心，其余四指抓乙手背外旋，左手上推乙方右肘像打白鹤亮翅，乙方反抗下压，甲方顺劲下拉乙右手使其肘伸直，左手下插用肘下压乙右肘，使其被採前栽。如乙方向后缩，甲两手顺其后缩的趋势前推使其后跌倒地。（图2-159～图2-162）

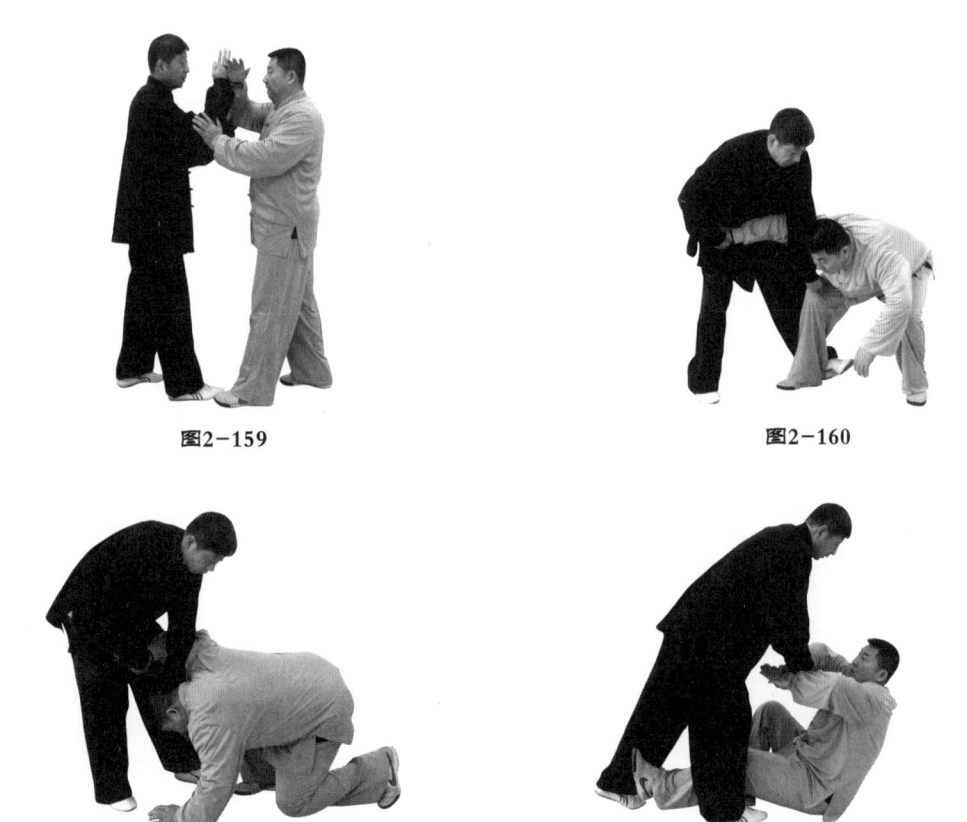

图2-159　　　图2-160

图2-161　　　图2-162

（4）乙方右手抓甲左肩时，甲右手按乙手背，四指顺小指掌侧抓其小鱼际内侧靠近手心处上翻，以身体被抓处为支点右转体，左臂从外向内缠绕乙方右臂，用右肘下压，使其右手腕被採。（图2-163～图2-165）

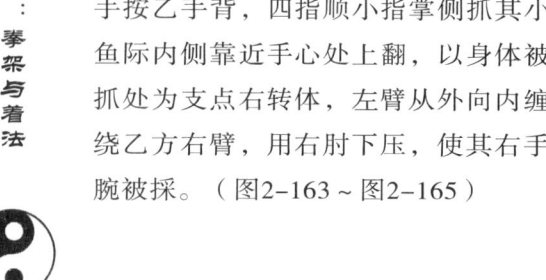

图2-163

图2-164

图2-165

第九式　摇步

（1）乙方左手推甲左肘时，甲左肘顺势向右化劲，左手向左外旋置于乙方胸部，右手置于乙方右脸处，左脚进步到乙方右腿后，控制乙方身体重心，然后向左推按其面，左脚向右勾挂其左腿，上下合劲使其侧倒地。（图2-166～图2-168）

图2-166

图2-167

图2-168

图2-169

图2-170

（2）双方推手，甲左脚进步到乙方右脚外侧，左手接乙方左手，右手推乙方左肘向其右肩外送劲，然后提右脚踩踏乙方右腿胫骨，向乙方右侧发劲，使其侧倒地。（图2-169～图2-171）

图2-171

（3）双方推手，甲左手抓乙方左手，右手推其左肘，使乙方左臂折叠，同时提右脚从内向外踩乙方右腿胫骨向其右后发劲。（图2-172～图2-174）

图2-172

图2-173

图2-174

（4）双方推手，甲右手抓乙方右手，左手抬乙右肘使乙方右臂折叠，同时提右脚从外向内踩乙方左腿胫骨向其左后发劲。（图2-175～图2-177）

图2-175

图2-176

图2-177

第十式　上步金刚

（1）乙方欲抓甲双肩时，甲两手从外缠绕其手腕上抬至头顶上方，并提起脚跟步，双手从上向下顺身体中线採拿乙方手腕，使其向前跪地。（图2-178～图2-180）

图2-178

图2-179

图2-180

（2）乙方前扑欲抱甲左腿时，甲提右膝前顶乙方胸部，两手向下拍击乙方两肩，给对方以虚招，再用膝撞击乙方胸部或脸部，两手向下拍击乙方头后方，做到上顶下打一致合拍。（图2-181、图2-182）

图2-181

图2-182

（3）乙方前扑欲抱甲时，甲两手从下抬起乙方两肘，然后上左步插到乙方身后，两手从上向下推按乙方双肘向前发劲，使其后跌倒地。（图2-183～图2-185）

图2-183

图2-184

图2-185

第十一式　退步伏虎

（1）乙方从甲方背后搂抱甲时，甲方两臂从下缠绕其臂内旋，两手反锁乙方两手下拉使其上拔，同时低头提臀将乙方背起过顶前摔。（图2-186～图2-188）

图2-186 　　　　　　　图2-187 　　　　　　　图2-188

（2）双方推手时，甲方右手从外抓乙方右手腕，左手从内抓乙方左手腕，两手同时向上提拉过头顶，左脚在两手上提时向前上步，插到乙方左脚前并向右转体，右脚后撤到乙方右脚前，背贴乙方胸前，两手下拉的同时弯腰撅臀，向右侧身，使乙方从甲方左肩前跌摔出去。（图2-189～图2-191）

图2-189

图2-190 　　　　　　　图2-191

图2-192

图2-193

（3）乙方从后面搂抱甲胸时，甲方屈腿下蹲，两手从外抓乙方的两手腕，背贴乙方胸前将其背起，然后右手抓乙方右手顺自己左腰回拉，左手向自己头上提拉，身体微左旋转低头，使乙方顺甲方右肩上摔落下来侧倒。（图2-192～图2-194）

图2-194

（4）乙方左脚在前、出左拳打来时，甲方左手从外抓挡并向自己左下拉其左臂，同时右脚插入乙方左脚内侧，用右肘靠打乙方左肋骨。（图2-195～图2-197）

图2-195

图2-196

图2-197

第十二式　擒拿

（1）乙方右手抓甲方右手腕时，甲方左手抓按其手背将其锁住，随即右手腕内旋，五指顺抓乙方右前臂向回顺转回带，採拿其手腕（小金丝缠腕）。（图2-198～图2-200）

图2-198

图2-199 　　　　图2-200

（2）乙方左手抓甲方右手时，甲方左手抓按其手背将其锁住，右肘内盘压肘，採其左手臂（大金丝缠腕）使乙方跪地。（图2-201～图2-203）

图2-201 　　　　图2-202 　　　　图2-203

（3）乙方左手抓甲方右手时，甲方左手拇指抓按乙方手指正面，其他四指抓拿乙方手指背面，将其反折，随即甲拳外旋翻压乙方手掌，使乙方左手背折叠被採拿。（图2-204～图2-206）

图2-204

图2-205

图2-206

第十三式　串捶

（1）乙方左手抓甲方右手腕时，甲方左手拇指抓乙方左手指面，其他四指抓拿乙方左手指背反折，右手握拳翻滚压与左手拇指合力採拿乙方左手，使其被採下蹲，然后顺势以右拳击打乙方左颈或面部。（图2-207～图2-209）

图2-207 　　　　　图2-208 　　　　　图2-209

（2）双方推手时，甲方左手抓拧乙方左手并回拉至自己身体左侧，右臂肘上部位推乙方左臂使其被控制，接着甲方进右步插入乙方右脚后，用右拳击打其身体左侧或左腋下部位。（图2-210～图2-212）

图2-210

图2-211

图2-212

第十四式　肘底藏捶

（1）乙方左拳击来，甲方顺势身体左闪，左手抓握回拉乙方左手腕，身体向左转，用右拳击打乙方左颈部使其侧倒。（图2-213～图2-215）

图2-213

图2-214

图2-215

（2）乙方推甲方左臂，甲方左脚上步至乙方右脚外侧，左手向上拉乙方左手过自己头顶，使其身体向其右侧倾斜，然后甲方右拳击打乙方胸部，使其侧倒地。（图2-216～图2-218）

图2-216

图2-217 　　　　　　　　　　　　图2-218

第十五式　倒捲肱

（1）乙方右拳打来，甲方顺势化劲，同时身体右转，左脚滑步到乙方右脚外侧，右脚跟进到乙方左脚侧。右手前拉乙方右手腕的同时，甲方左腿从后插入乙方右腿前控制对方，然后小腿向后伸直震弹对方小腿前胫，左肘下压乙方右肘外侧，上下合劲，使对方向前侧倒跌。（图2-219～图2-221）

图2-219 　　　　　　图2-220 　　　　　　图2-221

图2-222

图2-223

图2-224

（2）双人推手时，甲方右脚在内，左手接乙方攻击手向左下拉，右前臂缠绕乙方上臂外侧上搓劲，同时甲方身体左转，左脚后插步到自己右脚后，左手牵拉乙方左手腕向自己左后拉，右小腿向后伸直崩弹乙方小腿前胫，右肘下压乙方左肘上臂外侧，上下合劲，使乙方向前侧倒跌出。（图2-222～图2-224）

（3）乙方从侧面搂抱甲方时，甲方左手从后缠绕乙方右臂上抬，右手下压乙方右侧头后，身体右转，上下合劲，使乙方失重侧倒地。（图2-225～图2-227）

图2-225

图2-226

图2-227

图2-228

图2-229

图2-230

（4）乙方从侧面搂抱甲方时，甲方右手从后缠绕乙方左臂上抬，右手下压乙方左侧头后，身体左转，上下合劲，使乙方失重侧倒地。（图2-228～图2-230）

（5）乙方右拳打来时，甲方左手向外格挡的同时，左脚上步到乙方右脚外侧，右手从乙方左手上方前插抱乙方头部，右脚抬起从乙方右侧插到其身后控制其重心，然后左转身，右小腿向后伸直崩弹，上下合劲，使乙方仰面后倒地。（图2-231～图2-233）

图2-231

图2-232

图2-233

图2-234

图2-235

图2-236

（6）乙方右拳打来时，甲方左转避闪，左手向外格挡、向左引化的同时，右脚提起落到乙方身后，右手托起乙方下颌部向前推按，右小腿向后挂起，上下合劲，使乙方仰面后倒地。（图2-234~图2-236）

（7）乙方左拳打来，甲方左手接乙方左手手腕，左转身，右脚插入乙方两腿之间后，转身用右掌击打乙方裆部。（图2-237~图2-239）

图2-237

图2-238

图2-239

图2-240 　　　　　　　　　　　　　　图2-241

图2-242

（8）乙方左拳打来，甲方左转身，右脚后撩乙方裆部，再用背部靠击乙方胸部。（图2-240～图2-242）

第十六式　闪通背（海底针闪通背）

（1）乙方推甲方右肘，甲方右肘顺势向中线化劲，左手从外向内、向外拨乙方左手的同时，抓乙方右手腕向右上领，右肘抬放在乙方右肩上控制其重心，然后再用掌侧下劈对方右颈。（图2-243～图245）

图2-243 　　　　　　　　　图2-244 　　　　　　　　　图2-245

图2-246

图2-247

图2-248

（2）双方推手时，甲方右手抓乙方右手四指，左手托乙方右肘，然后右转身、后撤右脚，右手反折乙方四指，左手向前推乙方右肘使其臂伸直，最后双手左手前、右手后反折，前后合劲，使乙方向左侧弹出。（图2-246～图2-248）

（3）双方推手，甲方右手抓住乙方右手腕下压，左手上托其肘引直其肘关节，然后向左上（或前）方送劲贯穿到乙方右肩，使其身体拔起，重心向后倾斜，再继续上托前送，使乙方向后上方弹出。（图2-249～图2-251）

图2-249

图2-250

图2-251

图2-252

图2-253

图2-254

（4）推手时，甲方右手抓住乙方右手腕外翻后拉，同时迅速右转身，将乙方右臂拉直扛起，反压在自己的左肩上，双手下搬反折其臂。（图2-252～图2-254）

图2-255

（5）推手时，甲方右手向右上方拉乙方右手腕，左腿插入乙方右腿后半蹲，左手从乙方右腿前伸进抱其左小腿，右手向左前方推其左臂，用左肩挤靠乙方右肋部，上下合劲，使其向后跌出。（图2-255～图2-257）

图2-256

图2-257

第十七式　云手

（1）乙方在前左手搂抱甲腰时，甲方右臂从其左臂上绕过外缠，以腰为支点，向左摆臂送胯捯採其肘关节（反之当其被採欲逃时，甲方迅速右转身回挑其左臂）。（图2-258～图2-260）

图2-258

图2-259

图2-260

（2）乙方在前右手搂抱甲腰时，甲方左臂从其右臂上绕过外缠，以腰为支点，向右摆臂捯採其肘关节并前送劲，使其跌倒。（图2-261～图2-263）

图2-261

图2-262

图2-263

图2-264

图2-265

图2-266

(3)乙方两手在前搂抱甲腰时，甲方右边放松，左臂外缠乙方右臂，向右合劲採其右肘，如乙方用力回撑，甲方即左臂回让劲放松，改变用力方向，用右臂反採其左肘。（图2-264～图2-266）

图2-267

(4)双方推手，乙方左手抓甲方左手向上拉，右手抬甲方左臂于肩上，准备採拧其左臂时，甲方抢先左臂下沉，外缠乙方右臂，向右侧左云手反採乙方右臂，使其后倾倒地。（图2-267～图2-269）

图2-268

图2-269

图2-270

图2-271

图2-272

（5）乙方右拳打来，甲方右手从外侧抓乙方手腕向上缠绕化劲，左掌推按乙方右肋部。（图2-270～图2-272）

图2-273

（6）乙方左拳打来，甲方左手从外侧缠绕乙方手腕向上引划，右拳击打乙方左肋部。（图2-273～图2-275）

图2-274

图2-275

图2-276 　　　　　　　　　　　　图2-277

图2-278

（7）乙方右拳打来，甲方左手从内侧接乙方右手腕向左上引划，右脚插在乙方右脚侧或后，右臂从乙方右臂腋下穿过控制其重心，然后右脚挂或勾乙方左脚或左小腿，两手向右侧合劲发力，使乙方向后倒地。（图2-276～图2-278）

第十八式　左高探马

（1）乙方推甲方左肘，甲方向右划弧让过其劲，左手接乙方左手，右手接乙方右肘向乙方左耳方向翻扣，左脚后挂对方右腿，上下合劲将乙方向自己左前方发放出去。（图2-279～图2-281）

图2-279 　　　　　　　图2-280 　　　　　　　图2-281

图2-282

图2-283

图2-284

（2）乙方拧甲方左肘时，甲方放松，把肘给乙方，身体靠近乙方，左脚插入乙方身后，重心在自己右脚，以左侧虚来控制乙方重心，然后身体快速前移，双手上下翻转合劲，使乙方向其右侧倒地。（图2-282～图2-284）

（3）乙方左拳打来，甲方顺势向右化劲，同时右手抓乙方左手腕右拉使其左臂伸直，随后左手下压乙方左颈部，右手通过乙方手臂向其左肩合劲发放。（图2-285～图2-287）

图2-285

图2-286

图2-287

图2-288

图2-289

图2-290

（4）乙方用左摆腿踢甲方时，甲方顺势向右化劲让过其脚，然后用右手托乙脚腕上抬，左手下压乙方左颈部，左脚向乙方支撑脚后侧进步的同时双手向左合劲，将其凌空摔出。（图2-288～图2-290）

（5）乙方左脚踢来，甲方右手上托乙方左膝关节下上抬扛到自己右肩上，然后长身上举使乙方旋转后倒地。（图2-291～图2-293）

图2-291

图2-292

图2-293

图2-294

图2-295

图2-296

（6）乙方在前双手搂抱甲时，甲方左手抓乙方头顶，右手托拿乙方下颌，沿逆时针方向旋转採拧乙方头部，同时提左膝顶撞乙方右太阳穴。（图2-294~图2-296）

图2-297

（7）乙方推甲方左手时，甲方左手后让劲的同时提左膝顶撞乙方裆腹部，乙方后退时，甲方进步追赶，右劈掌击乙方左颈。（图2-297~图2-299）

图2-298

图2-299

第十九式　右插足

（1）双方推手时，甲方两手抓乙方右手腕，顺缠採拿，同时提右膝顶撞乙方腹部，乙方后退躲闪时，甲方再用右脚踢乙方裆腹部。（图2-300～图2-302）

图2-300

图2-301

图2-302

（2）乙方低头抱甲腿时，甲方双手抓其头或肩背借乙方劲力下压，用膝上顶乙方的胸部，当乙方欲后逃时再借乙方劲力向前下发劲使其后倒。（图2-303～图2-305）

图2-303

图2-304

图2-305

图2-306

图2-307

（3）乙方搂抱甲方时，甲方顺势下蹲，用左肩靠住乙方腿部，双手回抱其脚踝，做到肩顶、手回拉一致合劲，让其失控倒地；也可肩顶身，双手抱其大腿。（图2-306～图2-308）

图2-308

第二十式　右高探马

（1）双方推手时，甲方右手接乙方右手向下採拧，左手推乙方左肘上翻，同时右脚勾挂乙方左腿（或右脚向乙方右脚后上步），使对方失重倒地。（图2-309～图2-311）

图2-309

图2-310

图2-311

（2）乙方右手劈打甲方时，甲方右手抓乙方右手，左手推乙方右肘向上採拧，同时提右膝上顶乙方腹部。（图2-312～图2-314）

图2-312 　　　　　　　图2-313 　　　　　　　图2-314

第二十一式　左插足

乙方左拳打来，甲方左手抓乙方左手腕上提，同时抬左脚蹬踢乙方胸部。（图2-315～图2-317）

图2-315

图2-316 　　　　　　　图2-317

第二十二式　蹚脚侧蹬跟

（1）乙方右拳打来，甲方左手由外抓其右手腕向回拉，抬左腿侧蹬乙方右侧肋骨。（图2-318～图2-320）

图2-318

图2-319 　　　　　　　图2-320

（2）乙方由后搂抱甲方时，甲方左转身用左肘击打乙方胸部，乙方后退逃脱时，甲方立即用左脚侧蹬。（图2-321～图2-323）

图2-321 　　　　　图2-322 　　　　　图2-323

（3）乙方从甲方左侧面搂抱甲方时，甲方松腰收肩化劲，然后快速用双肘向外发劲，左肘击打乙方心窝。（图2-324～图2-326）

图2-324

图2-325

图2-326

第二十三式　摇步

（1）双方推手，甲方右手下落，左手抓乙方左手腕向自己左侧拉带，左脚由外侧插入乙方右脚侧，右手向右侧摆控制乙方，随即左脚再上步，右拳或右掌外旋，从上向下斜击打乙方左颈。（图2-327～图2-329）

图2-327

图2-328

图2-329

图2-330

图2-331

（2）双方推手，甲方左手下落，右手抓乙方右手腕向自己右侧拉带，右脚由外侧插入乙方左脚侧，左手向右侧摆控制乙方，随即右脚再上步，左拳或掌外旋，用拳或掌击打乙方右颈。（图2-330～图2-332）

图2-332

（3）双方推手时，甲方左脚上步到乙方左脚前，左手接乙方左手往左下拉，右手先上推再下按乙方左肩，同时右脚提起踩踏乙方左膝弯后侧，使乙方屈膝跪地。（图2-333～图2-335）

图2-333

图2-334

图2-335

第二十四式　青龙探海

（1）乙方右拳从甲方右侧打来，甲方由内侧拇指在内、四指在外接乙方手腕上领，左闪同时右手向自己左下拉乙方右手，右脚从乙方双腿之间插入其身后，劲沉在左脚下，然后右手换手，拇指在内、四指在外反转向右靠击，使乙方失重后倒地。（图2-336～图2-338）

图2-336

图2-337 　　　　　　　　　　　图2-338

（2）双方推手，乙方採拧甲方右手臂时，甲方向左下松沉化劲，然后反转右手抓乙方右手，左手推乙方左肘，从左下向右上发劲使乙方失重后倒地。（图2-339～图2-341）

图2-339 　　　　　　图2-340 　　　　　　图2-341

图2-342

图2-343

图2-344

（3）乙方由后面搂抱甲方时，甲方左手抓乙方右手，顺其来势拉向左下，同时身体下沉、左腿下蹲，使乙方失重欲向后逃跑，甲方随即右臂别乙方右腋下，右转身发劲使乙方失重侧倒地。（图2-342～图2-344）

（4）乙方从背后拧採甲方左臂时，甲方左手臂放松，身体下蹲右转，用右肘击打乙方胸部或右脸部，使其向后倒地。（图2-345～图2-347）

图2-345

图2-346

图2-347

第二十五式　鹞子翻身

（1）乙方右拳打来，甲方左手由内顺势抓乙方右腕向回拉，同时抬起右脚踢乙方裆腹部或裆部。（图2-348～图2-350）

图2-348 　　　　　图2-349 　　　　　图2-350

（2）乙方低头抱甲腿时，甲方双手按压乙方头或肩背，用右膝上顶其胸部，当乙方欲后逃时，甲方再借其力，双手向前推乙方胸部，使其向后倒。（图2-351～图2-353）

图2-351

图2-352 　　　　　图2-353

图2-354

图2-355

图2-356

（3）乙方搂抱甲方时，甲方顺势下蹲，用左肩靠住乙方双腿，双手回抱其小腿或脚踝，做到肩顶、手回拉一致合劲，让其失控倒地；也可肩顶身，双手抱其大腿。（图2-354～图2-356）

（4）乙方抓甲方肩时，甲方两手十字由内向外格挡化劲，同时进左步到乙方右脚外侧后，两掌向前送劲控制乙方胸部，然后合掌前推发劲。（图2-357～图2-359）

图2-357

图2-358

图2-359

第二十六式　分门桩抱膝

乙方双手抱甲方腰时，甲方两手由外侧夹抱乙方双肘上托，使乙方双臂引直，同时甲方提左膝顶乙方裆腹部。（图2-360～图2-362）

图2-360 　　　　　图2-361 　　　　　图2-362

第二十七式　蹽脚前蹬跟

（1）乙方从前方扑来，甲方两手由内格挡乙方双臂并回拉化劲到腹前，乙方后抻时，甲方借乙方欲跑之势，推其双臂向前送劲，然后上抬右脚前蹬乙方裆部。（图2-363～图2-365）

图2-363

图2-364 　　　　　图2-365

图2-366 　　　　　　　　　　　　　图2-367

图2-368

（2）乙方双手抓甲方肩时，甲方双手由外侧托起乙方双臂后引化劲，举起到头上方控制乙方重心，手再向前推，同时抬左脚蹬乙方裆部，脚手上下合劲发放。（图2-366～图2-368）

第二十八式　分马掌

（1）乙方右掌或右拳向甲方击来，甲方右手由外顺势格挡并抓乙方右臂上拉，同时左脚上步到乙方右脚后，用左掌砍击乙方裆部。（图2-369～图2-371）

图2-369 　　　　　　　　图2-370 　　　　　　　　图2-371

图2-372

图2-373

（2）双方推手时，甲方右手由下接乙方左手，再左手接乙方右手臂向左拉，同时右脚上步到乙方两腿之间，用右掌砍击乙方裆部。（图2-372～图2-374）

图2-374

图2-375

（3）乙方推甲方右肩，甲方向左化劲，左手接乙方左手侧拉，右手接乙方左上臂，右臂下压其左臂，同时抬右脚蹬踢乙方左腹部。（图2-375～图2-377）

图2-376

图2-377

贰 太极拳道着法应用

179

图2-378

图2-379

图2-380

（4）乙方右拳打来时，甲方左手由内接乙方右手腕回拉，同时提右脚蹬乙方腹部或体侧肋部。（图2-378～图2-380）

（5）乙方从背后抓甲方左肩时，甲方左转身，左手抓乙方右臂，左脚蹬踢乙方裆部。（图2-381～图2-383）

图2-381

图2-382

图2-383

第二十九式　掩手捶

（1）乙方推甲方左肘时，甲方向右化劲，左脚由外侧插入乙方右脚后，用左肩、左胯靠其右侧身体，用右拳向左击打其心窝。（图2-384～图2-386）

图2-384

图2-385 　　　　　　　　　　　图2-386

（2）乙方由前抱甲方腰时，甲方右手接乙方左手上领，左手由外缠绕乙方右臂，同时左脚由外侧向乙方右脚后进步，控制乙方右腿，左臂别乙方右臂，右手向左上方提拉乙方左臂，上下合劲使其失重倒地。（图2-387～图2-389）

图2-387 　　　　　　图2-388 　　　　　　图2-389

图2-390

图2-391

图2-392

（3）乙方採拧甲方右臂，甲方顺势上左步插入乙方身后，用迎面肘击打乙方面部。（图2-390～图2-392）

图2-393

（4）乙方右拳打来，甲方右手由外格挡回拉，使其臂引直，左手迅速插入乙方右腋下托起其右上臂，左脚由外侧进步到乙方右脚后，两手向左加速合劲发放。（图2-393～图2-395）

图2-394

图2-395

第三十式　抱头推山

（1）乙方右拳击来，甲方用右手由外顺势格挡并右拉，上左步插到乙方身后，用左肩靠其身或用左肘压其右大腿根，使乙方后坐倒地。（图2-396～图2-398）

图2-396

图2-397

图2-398

（2）乙方用右脚蹬、踢，甲方后躲闪，用右手上托起乙方脚腕，左脚上步至乙方身后，用左肘下压其大腿，使乙方后坐倒地。（图2-399～图2-401）

图2-399

图2-400

图2-401

图2-402

图2-403

图2-404

（3）双方推手，甲方左脚在外，右手接乙方右手向右拉，左脚插入乙方身后控制乙方，然后左肘击打乙方右侧软肋。（图2-402～图2-404）

图2-405

（4）双方推手，甲方右脚在内，左手接乙方左手向身体左下拉，右脚插入乙方右脚后控制乙方，然后右肘击打乙方左侧软肋。（图2-405～图2-407）

图2-406

图2-407

图2-408 　　　　　　　　　　　　　　图2-409

（5）双方推手，甲方左脚在外插入乙方身后，左肩挤靠乙方身体右侧，右手扶按乙方右膝、左手扶按乙方左膝控制住乙方，然后左肩快速向外挤靠，双手向回抱乙方双腿，上下合劲。（图2-408～图2-410）

图2-410

第三十一式　前后照

（1）乙方用右手打来，甲方顺其来劲左转身避开，左手向左拉乙方右手腕，右脚向其右脚侧后上步，同时右掌顺势击打乙方左颈。（图2-411～图2-413）

图2-411 　　　　　　　　图2-412 　　　　　　　　图2-413

图2-414

图2-415

图2-416

（2）乙方推甲方右肘时，甲方向左化劲，同时右脚进步用右肩挤靠乙方，使其后倾失重。（图2-414～图2-416）

图2-417

（3）乙方右拳打来，甲方左手由外向内快速拨挡下按乙方右臂，同时右手从自己左臂上穿出推按或击打乙方面部。（图2-417～图2-419）

图2-418

图2-419

图2-420

图2-421

图2-422

（4）乙方右拳打来，甲方左手由外格挡下压，右手击打乙方左面部，乙方向后躲闪，甲方连环变方向，再用左手击打乙方右面部。（图2-420～图2-422）

（5）乙方推甲方左前臂，甲方化劲回收左臂，让空其来劲，随即右步从乙方两腿之间进步至乙方身后控制其重心，同时右手推其胸向前发劲，让其后仰跌出。（图2-423～图2-425）

图2-423

图2-424

图2-425

图2-426 　　　　　　　　　　　　　　图2-427

图2-428

（6）乙方搂抱甲方腰时，甲方两手抓乙方头部下按，同时提右膝顶撞乙方面部。（图2-426～图2-428）

第三十二式　野马分鬃

（1）乙方推甲方左肘时，甲方向中线化劲，左肘回抽，左脚后撤半步，右脚向前上一步，右掌前送推乙方咽喉部位。（图2-429～图2-431）

图2-429 　　　　　　　　　　图2-430 　　　　　　　　　　图2-431

（2）在推手中，甲方右金刚式接手，右手下落牵引乙方右手回拉，右脚回撤半步，左脚再向前进一步到乙方右脚内侧，控制乙方重心，然后左脚再前送，两手向前发力使其后跌。（图2-432～图2-434）

图2-432

图2-433

图2-434

（3）乙方右拳打来，甲方右手从外接手向对方左上领劲，左手滑动到乙方右肩，同时进右步到其右脚侧，右手上托乙方右肘，左手推乙方右肋部，从侧面控制其重心，然后两手推乙方身体右侧，向其左侧发力。（图2-435～图2-437）

图2-435

图2-436

图2-437

图2-438

图2-439

图2-440

（4）乙方左手抓甲方左手时，甲方左手反抓乙方左手上领，左脚向前进步至乙方右脚后，右手推乙方左腋下向前发力。（图2-438～图2-440）

图2-441

（5）乙方右拳打来，甲方右手由外接乙方右手向自己右侧拉，右脚与之配合向左勾踢乙方左腿。（图2-441～图2-443）

图2-442

图2-443

（6）乙方左手推甲方右肩时，甲方含胸向后让劲，右手推乙方胸部，在右脚进步前送的同时，左手推乙方下颌向前发力。（图2-444~图2-446）

图2-444 　　　　　　　图2-445 　　　　　　　图2-446

第三十三式　玉女穿梭

（1）乙方右拳打来，甲方右手由外拨挡上拉乙方右手腕，同时提右腿前蹬乙方胸部或裆部。（图2-447~图2-449）

图2-447

图2-448 　　　　　　　图2-449

图2-450 　　　　　　　　　　　　图2-451

图2-452

（2）在推手中，乙方採拧甲方左前臂时，甲方则顺其採劲，左臂后背身后，身体向右旋转180°，右掌顺势推击乙方下颌或掐其咽喉制伏乙方。（图2-450～图2-452）

（3）乙方右拳打来，甲方左手抓乙方左手腕向左拉，将其臂领直，右臂从乙方左腋下穿过，右转身撅别乙方右臂，再用右臂内滚，发力点在乙方肩胛骨处。（图2-453～图2-455）

图2-453

图2-454 　　　　　　　　　　　　图2-455

图2-456

图2-457

图2-458

（4）双方推手，乙方上拉甲方右手时，甲方顺势跟劲，转身进左步到乙方右脚外侧，同时右手反抓乙方右手，左手抓乙方右肘向上旋转，向右下合劲发力，使其后倒地。（图2-456～图2-458）

（5）乙方右拳打来，甲方两手由外向内格挡，起右脚蹬踢乙方裆腹部，两手下压乙方右手的同时右脚落地，左脚再向前上一步到乙方右脚后，左手抱乙头，右手推按乙方下颌旋转，使其头部被拿住。（图2-459～图2-461）

图2-459

图2-460

图2-461

（6）双方推手时，甲方右手抓乙方右手，左手推乙方右肘，顺时针採拧的同时，右脚回勾乙方左小腿，使其失重后跌。（图2-462～图2-464）

图2-462

图2-463 　　　　　　图2-464

第三十四式　童子拜佛

（1）乙方搂抱甲腰时，甲方用双臂由外缠绕夹住乙方两前臂，以自己身体两侧为支点，两手从乙方两臂间由下向上合掌上挑，同时提右膝上顶乙方裆部。（图2-465～图2-467）

图2-465 　　　　　　图2-466 　　　　　　图2-467

图2-468

图2-469

图2-470

（2）乙方屈身搂抱甲腰时，甲方两手托乙方下颌，用右膝顶撞乙方裆部；乙方后逃时，甲方右脚下落，从乙方两腿之间插入其身后，同时两手向前猛推乙方下颌，使其向后倒地。（图2-468～图2-470）

（3）乙方推甲方两臂时，甲放松让劲回缩，双肘抱回胸前，左脚由外侧插到乙方右脚后，两手抓乙方下颌向前上方推出。（图2-471～图2-473）

图2-471

图2-472

图2-473

第三十五式 跌叉

（1）乙方俯身抱甲右腿时，甲方顺势起腿，用右膝顶撞乙方脸或胸部，两拳打击乙方太阳穴。（图2-474、图2-457）

图2-474

图2-475

（2）乙方推甲左臂时，甲方顺其力让劲的同时，左脚由外侧插入乙方身后，下蹲成左仆步封锁住乙方两脚，同时左臂向外挤靠乙方右大腿根部，使其向后失重后跌。（图2-476、图2-477）

图2-476

图2-477

第三十六式　扫堂腿

乙方右拳打来，甲向左躲闪右手向自己右侧拉乙方右手，变左弓步，控制乙方重心，然后右手再向右下回拉，右脚贴地向左勾踢乙方左脚的同时，上下合劲，使乙方侧倒地。（图2-478~图2-480）

图2-478

图2-479 　　　　　　　　　图2-480

第三十七式　左金鸡独立

（1）乙方抱甲腰时，甲方左臂夹乙方右臂，右手上托其下颌，同时用右膝上顶其裆部或腹部。（图2-481~图2-483）

图2-481 　　　　　图2-482 　　　　　图2-483

图2-484

图2-485

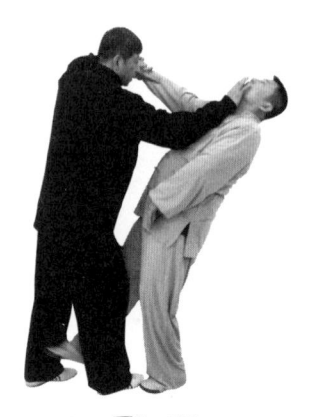

图2-486

（2）乙方右拳打来时，甲方左手由内向外格挡，并抓乙方右臂向左后拉，右掌上托其下颌，右膝上顶其裆部或腹部。（图2-484～图2-486）

图2-487

（3）乙方拧甲右臂时，甲向后上方化劲时，顺势右手抓乙方右手腕，左手推乙方右肘，同时提右膝上顶其裆部或腹部。（图2-487～图2-489）

图2-488

图2-489

图2-490 　　　　　　　　　　　　　　图2-491

图2-492

（4）双方推手，甲方左手抓乙方左手腕内旋採拧，右手上推乙左肘，同时提右膝上顶其裆部。（图2-490～图2-492）

第三十八式　右金鸡独立

（1）乙方拧甲左臂，甲向后上方化劲时，左手抓乙方左手，右手推乙方左肘，同时提左膝上顶其裆腹部。（图2-493～图2-495）

图2-493 　　　　　　　　　图2-494 　　　　　　　　　图2-495

（2）乙方抱甲腰时，甲右臂夹乙方左臂，左手上托乙方下颌，同时提左膝上顶其裆部或腹部。（图2-496～图2-498）

图2-496

图2-497

图2-498

第三十九式　十字单摆脚

（1）双方推手，乙方进身用右手推甲左肘时，甲方右脚回撤半步，身体向右转让空来劲，然后左脚向前上一步，同时右手四指抓乙方左手心，拇指抓乙方左手背贴在自己身体右侧，然后右手反採乙方左手腕，左手从乙方左肘下抓肘回拉，反採乙方左肘关节。（图2-499～图2-501）

图2-499 　　　　　　　图2-500 　　　　　　　图2-501

图2-502

图2-503

图2-504

（2）推手时，甲方左手绕乙方右臂下向上托，右手抓乙方右手，将乙方右臂放在其左臂上下压，使其两臂交叉被右十字反锁住，向左后侧发劲。（图2-502～图2-504）

（3）推手时，甲方右手绕乙方右臂下向上托，左手抓乙方左手，将乙方左臂放在其右臂上下压，使其两臂交叉被左十字反锁住，向右后侧发劲。（图2-505～图2-507）

图2-505

图2-506

图2-507

图2-508

图2-509

图2-510

（4）双方推手时，甲方左脚在外，右手抓乙方右手腕，左手从下搂抱乙方左臂，把乙方右臂压在乙方左臂上交叉，控制其重心，然后右转身，使乙方向右前方失重倒地。（图2-508～图2-510）

（5）双人推手时，甲方採拧乙方右臂，乙方顺势化劲，甲方顺乙方化劲向右下回拉，再翻起左手回拉乙方右肘，右手向后反折乙方右臂，使其右肘被採拿而失重倒地。（图2-511～图2-513）

图2-511

图2-512

图2-513

图2-514

图2-515

图2-516

（6）乙方右腿踢来，甲方左手接乙方右大腿下方上抬，右手抓乙方右手回拉，左右手顺时针旋转，十字手合劲，使乙方失重前扑倒地。（图2-514~图2-516）

（7）乙方右手抓甲方胸时，甲方右手回拨乙方右臂向右化劲，同时左手由后抓乙方头顶回拉，右手上抬乙方下颌，双手逆时针旋转，十字手合劲，使乙方头部被拿。（图2-517~图2-519）

图2-517

图2-518

图2-519

第四十式　吊打指裆捶

（1）乙方推甲方左胸时，甲方顺势向左下划劲，左脚上步至乙左脚后，用左手下压推挤乙方右臂，用右拳击打或手推乙方胸腹部。（图2-520～图2-522）

图2-520

图2-521

图2-522

图2-523

（2）双方推手时，甲方右脚在内，左手抓乙方左手向左下回拉，右拳从后击打乙方后颈部。（图2-523～图2-525）

图2-524

图2-525

第四十一式　右砸七星

（1）乙方左拳打来，甲方左手抓乙方左手回拉化劲，右脚从乙方两腿之间插入其身后，然后右转身，用右掌劈打乙方左颈，使其后跌倒地。（图2-526~图2-528）

图2-526

图2-527 　　　　　　　　　　图2-528

（2）乙方从侧面搂抱甲腰时，甲方向左化劲，左手向左拉乙方右手腕，右脚进步至乙方两脚间，再右转身用右臂外挤拨乙方右颈，使其后跌倒地。（图2-529~图2-531）

图2-529 　　　　　图2-530 　　　　　图2-531

图2-532

图2-533

图2-534

（3）双方推手，甲方滑步到乙方左侧面，右脚插入乙方身后，用右臂挤按乙方胸部，左手上抱乙方左腿，使其失重后倒地。（图2-532～图2-534）

（4）乙方右拳打来，甲右手从外格挡抓住乙方手腕上拉并右旋，同时左脚后撤步，然后右脚插入乙方身后，右手从左向右拉乙方右手腕化劲，再转身向侧后发劲，使其失重后倒地。（图2-535～图2-537）

图2-535

图2-536

图2-537

（5）乙方推甲方右臂时，甲方向左化劲，身体后缩让空乙方，然后再向右起身，向乙方回弹发劲。（图2-538~图2-540）

图2-538

图2-539

图2-540

第四十二式　擒拿

（1）乙方左手抓甲方衣领时，甲方右手抓其左手腕回拉，左手前伸从下托乙方左上臂拉直，然后左转身使其左肩被採，完成左擒拿，如图2-541~图2-543所示。右擒拿与左擒拿相反。（图2-544~图2-546）

图2-541 　　　　　图2-542 　　　　　图2-543

图2-544 　　　　　　　图2-545 　　　　　　　图2-546

图2-547

（2）乙方推甲方左臂，甲方向右化劲的同时，左脚从乙方内侧插入乙方右腿后，让空乙方来劲，然后甲方左转身，用左展臂发劲。（图2-547～图2-549）

图2-548 　　　　　　　图2-549

第四十三式　回头看画

（1）乙方用左直拳打来，甲方右手从内顺势格挡再向右后拉，用左勾拳击打对方下颌，左膝顶其裆部。若对方欲逃，甲再用右勾拳上打，以右膝顶其裆部。（图2-550～图2-552）

图2-550

图2-551 　　　　　　　　　　　图2-552

（2）乙方用右直拳打来，甲方左闪，用左臂从内向外格挡，提右腿，再左拉乙方右腕，右脚下落至乙方双脚内侧，同时左转身用右下栽拳击打对方裆部。（图2-553～图2-555）

图2-553 　　　　　　图2-554 　　　　　　图2-555

（3）乙方搂抱甲方腰时，甲方腰放松贴近乙方身体，双臂回收，双手放到乙方胸前，右脚进至乙方中轴线，控制其重心，然后右脚进步落实的同时，两手推乙方下颌向前发力。（图2-556～图2-558）

图2-556

图2-557

图2-558

第四十四式　跨虎

（1）乙方右直拳打来，甲右手接乙方右手腕，左手接其右肘，身体向右旋转，将乙右臂向右上方提拉，同时用左脚勾挂乙方右支撑腿，使其失重倒地。（图2-559～图2-561）

图2-559 　　　　　图2-560 　　　　　图2-561

图2-562

图2-563

图2-564

(2) 乙方左手抓甲方右肘时，甲方左手从右肘下抓握乙方左手锁死，然后身体下沉向左旋转的同时，用右肘下压採拿乙方左手，使其手腕被採拿住。（图2-562～图2-564）

(3) 乙方右手抓甲方左肘时，甲方右手抓握乙方右手锁死，然后身体下沉向右旋转的同时，用左肘下压採拿乙方右手腕。（图2-565～图2-567）

图2-565

图2-566

图2-567

第四十五式　弯弓射虎

（1）乙方推甲方左臂时，甲方左手向右划弧再向上翻转，以右拳击打或右掌推乙方面部和咽喉。（图2-568～图2-570）

图2-568 　　　　　　图2-569 　　　　　　图2-570

（2）甲方以格斗姿势站立，乙方左拳打来，甲方向右躲闪的同时，以右拳向外格挡乙方左臂，用左直拳击打乙方面部。（图2-571～图2-573）

图2-571

图2-572 　　　　　　图2-573

第四十六式　收势

（1）乙方迎面抱甲方的头部时，甲方举起双臂从外格挡向后化劲，然后快速后撤步，两手按压乙方头部，使其失重前跌。（图2-574～图2-576）

图2-574

图2-575

图2-576

（2）乙方迎面前扑搂抱甲方腰时，甲方迅速后撤步，在乙方落空的同时，甲方两手快速按压乙方后颈背部，使其失重前跌。（图2-577～图2-579）

图2-577　　　图2-578　　　图2-579

叁 郑琛 通脊功

通脊功简介

太极拳道通脊功，简称通脊功。主要针对人体脊椎进行合理科学的锻炼，以弥补拳架中因为保证身法中正而不能前后俯仰、左右弯曲，使脊椎锻炼受到一定限制的不足。对养生健身和技击，都会有很大的帮助。

自2000年以来，我常去西安市城墙西北角外护城河内环城公园我弟郑瑄的拳场打拳练功，也会和一些徒弟或学生推推手、摸摸劲。同时也时常对一些弟子练习后身上比较紧的状态给予揉身按摩，使其身体某些劲走不到的地方获得外力的送劲，提高得劲感觉，提前进入获得拳劲的境界，这种行为后来被我的徒弟、南宁的刘洪宾戏称"加持"。受到"加持"帮助的弟子，都感觉良好。但对于老师来说，自身却难以获得"加持"提高的感觉，从而使我萌动了创造一套功法的想法，使自己获得"加持"的同时，也使弟子们在练习时获得我的"加持"，以加快拳劲的获得。

多年的太极拳修炼，我深感其内涵外延博大精深，就是究毕生精力，仍然探讨不尽。正因如此，太极拳道才是永远学之不尽、用之不竭的天地间的大道之学；也使我明白了太极拳祖师张三丰先生说过的话的深刻内涵，他说"太极拳是入道之基"，还说"学习太极拳，不修太极妙道，非吾徒也"。我还想老祖师曾经学过少林拳，67岁时在终南山遇到火龙真人，才得闻大道。"得闻大道"，顾名思义，是听见了大道，但用什么修炼才能进入"道"的境界？后来传说看到蛇雀相斗，领悟了以弱胜强、以柔克刚的道理，把少林拳拳理翻而覆之，从而创造了太极拳。

近年来，看到一些对于太极拳历史考证的文章、书籍，和自己年轻时听赵堡拳前辈们的讲话、传说是相吻合的。尤其李师融先生的考证最为翔实具体，还太极拳以本来面目，功莫大焉！张三丰创拳之初，也是一些单式，这在蒋发、邢喜怀祖师的遗著中，可有证据。"太极拳其拆练，一式一式练完，可再连起来再练，往复无有穷尽"。我们在学练的过程中，也是先学完单式，后一式一式学完，再连起来练习，单练就是桩功，连练就是"手眼身法步"的协调。太极拳就是单练和连起来练的动静的对立统一的结合。它寻求强身健体、防身自卫的一种能力。要获取这个能力，就必须好好地用功练习。除老师传授以外，还要学习很多方面的知识，把练功得到的亲身体验和老师传授、自己学习的知识紧密结合起来，互相印证，去其糟粕，取其精华，去伪存真，得其精髓，这才叫体悟与修炼，在不断的体悟修炼中，明了"太极大道"，获得无穷的知识与智慧。这就是张三丰教给我们的学习修炼的方法和途径，故而"太极拳法是入道之基……不学我太极妙道非吾徒也"。

三丰先生的太极拳，其基本要领有十要。其中有一要就是"身法中正"，或者说"立身中正"。何为"中正"，我理解并下个定义，认为身体纵向轴——百会、

命门、涌泉三穴中轴线和重力线重合就是身法中正。

身法中正对技击、养生来说都极为重要，非得遵守不可。技击中的前进、后退、左顾、右盼、中定，均要身法中正，否则不能进入高手之境地。所以才有"腰如纛，气如旗，手如钻，脚如轮"之说，一个圆圈360°，只有在圆心，才能照顾到周边，因为半径相等。身法不正，速度慢则挨打，顾前不顾后，破绽就多。养生依然如此，"上领下坠，身法中正"，气血运行通畅，供应能量及时，身体自然强健。

但是往往人们对"身法中正"的理解容易偏颇，使脊椎—人体的骨架主体，要么不能得到相应充分的练习，要么使用不当，伤及脊椎，患上颈椎病、腰椎病、骶椎病等。我曾经也迷茫过：身法中正了，但脊椎运动量小，对脊椎的练习缺乏相应的量；在练习中如果脊椎练习倾斜多了，又破坏了"身法中正"的原则。后来在练习的过程中，发现在推手时互相揉搓、按摩，扩大脊椎和肩胯的运动角度，反而更有利于身体中正，而且扩大了脊椎的运动角度。这是在练中的体悟。前面所说的"加持"就是这样来的。

后来又从医书等书籍资料寻求理论支撑，更发现了适当地练习脊椎，能加大加速太极拳所需的能力，不单身法更加中正，而且对身体本身的认识进一步深入，再不断练习、不断学习、不断体悟，逐渐创造出一些功法。这就是后来的"通脊功"。

首先要把人体脊椎的生理结构弄通搞明白，当明白了脊椎和脊椎有关的生理结构后，再用太极的道理指导，寻求符合人体生理结构的修炼方法进行修炼印证，使人得以身体健康。用这种思想和理念进行研习修炼，才称为"太极拳道通脊功法"，简称"通脊功"。

脊椎，人体生理结构中最为重要的部分之一。它支撑着人的身体，根据人体解剖学说，人有206块骨头，而脊柱则占有33～34节之多。它是支撑人体骨骼的主体，分为颈椎、胸椎、腰椎、骶椎和尾椎五大部分。上通头部联系大脑，左右联系手臂，下接腿脚，形成整体的人的框架。人的中枢神经系统，由大脑贯通脊椎通向全身各处。人身的软组织，五脏六腑、肌肉筋腱等悬挂在脊椎上，自然人身体的各大系统的联系都离不开脊椎。这些系统包括消化系统、呼吸系统、血液供应、神经指挥运动系统，还有古人所说的中医中的经络系统。气功和武术中经常说的大小周天、上中下丹田等，亦能生髓造血，传递各种信息。总之，脊椎附合生理结构就强健，它关系到人的生命的维持。你要强健身体，就得了解它。你要技击养生，就得研究它。既要了解它，又要爱护它、保养它，不使它受到伤害，又要科学地锻炼它，合理地使用它，使之减少损伤、保持健康。把它保养好了，身体一般的毛病，都会自动康复。对于预防疾病的发生和防患于未然，对于已经患上疾病尤其慢性疾病的患者，经过相应的锻炼调理，都可获得意想不到的效果。

在武术运动中（或其他体育运动中），都在讲"外三合"，这个外三合是指手与脚合、肘与膝合、肩与胯合，但真正做到不容易。外三合就是骨架相合，骨架相合就是四肢要与脊椎相合，脊椎和四肢相合，人身体才能合成整体用力、使力、受力，这就是人们常说的整劲的来源。太极拳道则是要求在静止、运动、举手投足间，都要外三合，这就和一般意义上的外三合区别开了。

练习通脊功，就是把我们身体的各部分，通过对脊椎的科学锻炼有机地联系起来。强化脊椎的功能，就是强化全身、强化整体的功能，从而达到强身健体的作用，对于练习太极拳道的各位拳友、同道会有莫大的帮助。

通脊功，就是要我们身体前俯后仰，左右转侧，升降起落，转换开合，吞吐吸呼，吐故纳新，振奋精神，强健体魄，养生技击，相得益彰，开发智慧，身心合一。

郑　琛

2014年5月10日

通脊功动作名称

起势

第 一 式	一心向道
第 二 式	前俯后仰
第 三 式	扩胸俯仰
第 四 式	旋臂俯仰
第 五 式	俯身下探
第 六 式	俯身抬头
第 七 式	俯身摆头
第 八 式	俯身侧转
第 九 式	直身俯仰
第 十 式	脊椎涌转
第十一式	纵旋脊椎
第十二式	抱头左右侧弯
第十三式	抱头纵旋
第十四式	抱臂纵旋
第十五式	甩臂纵旋
第十六式	绕头前后转
第十七式	工匠抡锤
第十八式	农夫扬场
第十九式	肩胯前转
第二十式	肩胯后转
第二十一式	肩胯内插
第二十二式	肩胯外抽
第二十三式	上下插掌
第二十四式	双手合掌上插
第二十五式	万法归一
第二十六式	提腿外转肩胯
第二十七式	提腿内转肩胯
第二十八式	前蹬转圈
第二十九式	后撩转圈
第 三 十 式	左右勾脚
第三十一式	左右内踹脚
第三十二式	左右勾踢
第三十三式	左右低弹踢
第三十四式	左右低踹
第三十五式	向前高弹踢
第三十六式	左右蹬脚
第三十七式	左右内踢毽
第三十八式	左右外踢毽
第三十九式	左右后踢毽
第 四 十 式	左右顶膝
第四十一式	左右圈捶
第四十二式	前转冲捶
第四十三式	后转冲捶
第四十四式	连环勾捶
第四十五式	连环劈掌
第四十六式	上下鞭捶
第四十七式	左右鞭捶
第四十八式	前转搓指
第四十九式	后转搓指
第 五 十 式	内扣搓指
第五十一式	外捌搓指
第五十二式	左右提攥
第五十三式	平伸握攥
第五十四式	上举抓握
第五十五式	前伸抓握

第五十六式　后提抓握
第五十七式　合臂握攥
第五十八式　金刚贯气（一）
第五十九式　金刚贯气（二）
第 六 十 式　按摩收势

通脊功图解

起势

两脚间距与肩同宽，自然站立，脚尖向前，两腿站直，两臂下垂，两手为掌，手指向下，手心向腿，躯干正直，呼吸自然，头顶领起，下颌微收，两眼平视，心里放松，周身放松。

两臂从两侧划弧到头顶合掌，向前沿身前中线下行，然后仍自然置于腿侧。（图3-1～图3-5）

图3-1 　　　　图3-2

图3-3 　　　　图3-4 　　　　图3-5

抬臂慢慢地吸气，前落慢慢地呼气，是一种自然深沉的长呼吸，不得憋气，也不要想气沉丹田，日久，自然会感觉到吸气到头顶百会穴，呼气到脚底涌泉穴。

第一式　一心向道

同起势，面向前直身站立，但两脚间距离可窄一些，以能蹲下站起舒服即可。（图3-6）

两手从体侧由下向上沿身前中线向前抄起，至胸前时，左手为掌，右手为拳合抱作揖；同时两腿下蹲。（图3-7）

图3-6 　　　图3-7

然后挺身站起，同时两手变掌由前往身体两侧落下。

恢复成图3-6状态。可连续做若干次，视体能强弱而定，一般10～20次即可。下蹲为呼，甩臂挺身站立吸气，也可自然呼吸，舒适为度。

第二式　前俯后仰

从起势图3-1站立开始，两臂上抬后张，仰身后挺，两腿微弯向后张，脊椎尽量向后弯曲，同时吸气。然后身体前俯，两腿站直，两臂从后向前直臂下栽，并继续后甩，同时呼气，也可自然呼吸，不要憋气，以舒适为度。一般做10～20次。（图3-8～图3-10）

图3-8

图3-9 　　　图3-10

第三式　扩胸俯仰

从起势图3-1站立开始，两臂由下向前向上在头前上方再向两侧扩胸下落。（图3-11）

再向前俯身弯腰。（图3-12、图3-13）

恢复原状态后，重复练习，数量自控，一般10次即可。呼吸仍为仰吸俯呼，亦可自然呼吸。

图3-11

图3-12 　　图3-13

第四式　旋臂俯仰

从起势图3-1站立开始，往前挺身，两手为掌，两臂外旋，从身侧由下向上，沿身前中线向上穿手。再躬身前俯；两掌两臂分别内旋向前从侧向后甩起，两腿不得弯曲。呼吸同上。次数10～20次即可。（图3-14～图3-16）

图3-14 　　图3-15 　　图3-16

第五式　俯身下探

从起势图3-1站立开始，两臂团抱，先俯身下探，稍起再下探。俯身下探时，心想头顶下探时和脚尖连为一体，使后背整个脊椎和腿后大筋拉开，但要抻劲，注意力度，以不伤筋为度，每次连续20次，自我控制，呼吸自然。（图3-17、图3-18）

图3-17 　　　图3-18

图3-19　　　图3-20

第六式　俯身抬头

接上式，抬头长腰，使脊柱与地面水平，头尽量上抬，使脊椎有向下沉的感觉（即塌腰挺胸）。然后再低头俯身、抬头挺胸塌腰，此式亦称神龟出水。可连续做20次左右，抬头吸气，低头呼气，亦可呼吸自然。（图3-19、图3-20）

第七式　俯身摆头

接上式，抱臂向左再向右摆头，使脊椎向左右来回摆动，形成横向运动。呼吸自然，次数10~20次，自我控制。此式使脊椎不仅有向上的张力运动，也有横向的涌动，也叫摇头摆尾。（图3-21、图3-22）

图3-21 　　　图3-22

第八式　俯身侧转

接上式，脊柱和两腿仍成90°角，上身躯干侧身翻转，先左后右，动作相同，呼吸自然，10～20次即可。（图3-23、图3-24）

图3-23 　　　图3-24

图3-25 　　　图3-26

第九式　直身俯仰

接上式，直身站立，两手后背，低头前俯，再抬头后仰，使身体像蚕一样前后涌动脊椎，抬头吸气，低头呼气，或自然呼吸，次数10～20次。此式关键是使脊椎缓冲，得以休息。（图3-25、图3-26）

第十式　脊椎涌转

左右转动

接上式，直身站立，躯干外形勿动，头和尾骨左右纵向转动，内转外不转，锻炼内部转动之感觉，呼吸自然，亦20次即可。（图3-27、图3-28）

图3-27 　　　图3-28

侧身涌动

接上式，直身站立，头和臀部左右两侧上下涌动，使脊椎向左右横向侧弯涌动，呼吸自然，20次或多一点都可以。（图3-29、图3-30）

图3-29 　　　　图3-30

图3-31 　　　　图3-32

第十一式　纵旋脊椎

接上式，直身站立，脊椎纵向旋腰和臀部，放松，要使整体纵向旋转，略有弯腰和挺腹即可，不可过分，呼吸自然，左右各20次即可。（图3-31、图3-32）

第十二式　抱头左右侧弯

接上式，直身站立，两手抱在头后，向侧弯腰，使脊椎左右侧向弯曲，左右各做20次，呼吸自然，缓慢振动。（图3-33、图3-34）

图3-33 　　　　图3-34

第十三式　抱头纵旋

接上式，直身站立，双手抱头，身体纵向旋转，左右各做20次，使脊椎纵向得以锻炼。呼吸自然。（图3-35、图3-36）

图3-35 　　　　图3-36

图3-37 　　　　图3-38

第十四式　抱臂纵旋

双臂搂抱，纵向左右缓慢转脊椎，头顶领起，呼吸自然，也可采用下肢弓步、马步互换的做法。（图3-37、图3-38）

第十五式　甩臂纵旋

稍屈膝下半蹲，双臂放松，随身体转动左右甩臂，状如拨浪鼓，脊椎始终和地面垂直。纵向旋转，也可采用马步换弓步，反复练习，20次即可，呼吸自然。（图3-39、图3-40）

图3-39 　　　　图3-40

第十六式　绕头前后转

双手分别绕头从前向后绕转，再从后向前绕转，脊柱始终和地面垂直。纵向旋转，亦可马步换弓步，反复练习，20次即可，呼吸自然。（图3-41、图3-42）

图3-41 　　　　　　图3-42

第十七式　工匠抡锤

两腿分开站立，两手如握锤柄，左右从下向上、过头顶向正前面抡砸，状若工匠抡大锤；从侧面抡起，从背后正中线过头顶向前砸下，是一种心意活动。可以双掌也可双拳根据自己的习惯来练习，呼吸自然，20次即可。（图3-43～图3-46）

图3-43 　　　　图3-44 　　　　图3-45 　　　　图3-46

第十八式　农夫扬场

两腿分开站立，两手如握木掀柄，从后下向前上撩动，如农夫在麦场扬麦状，全凭脊椎向上撩劲，可连续做20次。根据自己的习惯，可以双掌也可握双拳来练习，呼吸自然，如调整呼吸，凡上扬则吸，下落则呼。（图3-47~图3-50）

图3-47　　　　图3-48　　　　图3-49　　　　图3-50

第十九式　肩胯前转

两腿分立，两手为掌，一臂屈臂抬起，同侧的肩胯向前转圈，左右互转，主要使身体的左右两侧能沿脊椎两边向前运动。呼吸自然、放松，要逐渐感觉到脊椎的内在运动。（图3-51、图3-52）

图3-51 　　　　　　　　　　图3-52

第二十式　肩胯后转

同第十九式动作，但方向是向后转。（图3-53、图3-54）

图3-53 　　　　图3-54

第二十一式　肩胯内插

同十九式，只是两臂内旋手掌向前、向内下插，肩内扣，胯亦随肩内插，要有内旋下插之劲。（图3-55、图3-56）

图3-55　　　　图3-56

第二十二式　肩胯外抽

同十九式，只是两臂外旋后抽，同时两胯亦外旋后抽，是两肩胯向后向外围绕脊椎运动，和第二十一式正好相反。（图3-57、图3-58）

图3-57 　　　　图3-58

第二十三式　上下插掌

两脚开立，直身站立，一手外旋向上直臂上插掌，另一手内旋向下直臂下插掌，在外旋上插和内旋下插之时，身体也随两臂扭转引动脊椎扭转，一定要上挺脊椎，不单有扭转的感觉，还要有把脊椎上下拉开的感觉。（图3-59、图3-60）

图3-59　　　　　　图3-60

第二十四式　双手合掌上插

直身开步站立，双手合十从胸前过头顶，头领起，脊椎上拔到极点后双手同时向两侧分开，再从身体两侧落下，要有把脊椎上下拉开的感觉，反复练习。（图3-61~图3-64）

图3-61 　　　图3-62 　　　图3-63 　　　图3-64

第二十五式　万法归一

直身开步站立,动作与第二十四式相反,双手同时从外侧抬起,过头顶合十上拔到极点,再从胸前中线下落。要有把脊椎上下拉开的感觉,反复练习。(图3-65～图3-68)

图3-65　　　　图3-66　　　　图3-67　　　　图3-68

第二十六式　提腿外转肩胯

一腿站立,另一腿抬起屈膝,带动同侧手臂向同侧外部划圈运动。左右半边身体绕脊运转,只是将手脚同步转动,如拳中云手状,通过活动肩胯,使脊椎得到运动。(图3-69～图3-72)

图3-69　　　　图3-70　　　　图3-71　　　　图3-72

第二十七式　提腿内转肩胯

肩胯内旋，如拳中斜行的向内旋转，手脚同步转动，和第二十六式动作路线相反运动。（图3-73～图3-76）

图3-73　　　　　图3-74　　　　　图3-75　　　　　图3-76

第二十八式　前蹬转圈

一腿站立，另一腿伸腿，伸腿同侧臂屈臂，另一臂下垂。脚前蹬转圈，手臂也前伸转圈，使肩胯亦向前转圈。（图3-77、图3-78）

图3-77 　　　　　图3-78

第二十九式　后撩转圈

与第二十八式动作相反，摆动腿屈，脚跟向后撩起来靠近臀部。（图3-79、图3-80）

图3-79 　　　　图3-80

第三十式　左右勾脚

一腿站立，另一腿屈膝，两臂环抱胸前。以胯带动屈腿外展再内扣，使脊椎随胯外展和脚回勾纵向来回运动，两腿可交替练习。呼吸自然，10～20次即可。（图3-81、图3-82）

图3-81　　　　图3-82

第三十一式　左右内踹脚

两手背后，一腿站立，另一腿勾脚向相反脚前踹蹬。两脚互换踹蹬，10～20次即可。（图3-83、图3-84）

图3-83 　　　　图3-84

第三十二式　左右勾踢

两手后背，一腿站立，另一腿脚尖勾起，由下向相反脚前往上勾踢，10～20次即可，呼吸自然。（图3-85、图3-86）

图3-85 　　　　图3-86

第三十三式　左右低弹踢

两手后背，一腿站立，另一腿脚尖绷起，向前弹踢，10～20次即可，呼吸自然。（图3-87、图3-88）

图3-87 　　　　图3-88

第三十四式　左右低踹

两手后背，一腿站立，另一腿脚尖内勾，用脚外沿着力向身侧踹蹬，左右互换，10～20次即可，高不过膝，呼吸自然。（图3-89、图3-90）

图3-89 　　　　图3-90

第三十五式　向前高弹踢

两手后背，一腿站立，另一腿脚尖勾起，向前弹踢，两脚互换，10～20次即可，呼吸自然。（图3-91、图3-92）

图3-91 　　　　图3-92

图3-93 　　　　图3-94

第三十六式　左右蹬脚

两手后背，一腿站立，另一腿脚尖勾起，脚根着力，向身侧直蹬，两脚互换，10～20次即可，呼吸自然。（图3-93、图3-94）

第三十七式　左右内踢毽

两手后背，一腿站立，另一腿由下向上如踢毽状内盘，两脚互换，10～20次即可，呼吸自然。（图3-95、图3-96）

图3-95 　　　　图3-96

第三十八式　左右外踢毽

一腿站立，另一腿外屈膝，脚外沿着力，由下向上在身侧踢起，两脚互换，10～20次即可，呼吸自然。（图3-97、图3-98）

图3-97 　　　　图3-98

第三十九式　左右后踢毽

两手后背，一腿站立，另一腿脚跟着力向后上踢，两脚互换，10～20次即可，呼吸自然。（图3-99、图3-100）

图3-99　　　　图3-100

第四十式　左右顶膝

两手后背，一腿站立，另一腿屈膝上顶，两腿互换，10～20次即可，呼吸自然。（图3-101、图3-102）

图3-101 　　　　图3-102

第四十一式　左右圈捶

太极拳道五捶之一，左右握拳随身纵向圈击，上手为攻击，下手自动防守，哪个拳摆击，哪边的半个身体就依脊椎纵转送劲。（图3-103、图3-104）

图3-103 　　　　图3-104

图3-105 　　　　图3-106

第四十二式　前转冲捶

开步站立，左右握拳，从身前中线由下向上、向前转圈前冲拳，两拳连环冲拳，左右手连环，左右脚虚实倒换，左右两半身也随两手虚实转换。呼吸自然，10~20次即可，但放松不用力，只是顺手即可。（图3-105、图3-106）

第四十三式　后转冲捶

同上式，仅冲拳时向后倒转圈，从身前中线，由上向下向前连环左右冲拳，拳是立拳。左右两半身随拳和脚上下倒换虚实。呼吸自然，做20次即可。（图3-107、图3-108）

图3-107 　　　　图3-108

第四十四式　连环勾捶

开步站立，左右两手握拳，沿身前中线由下向上两拳连环依次轮番勾击，俗称"黑虎掏心拳"。其实两膝亦有轮番上顶之意，肩胯倒换虚实，但亦是用意不用力，呼吸自然，做20次即可。（图3-109、图3-110）

图3-109 　　　　　　图3-110

第四十五式　连环劈掌

开步站立，左右两手为掌，从下向上再由上沿身前中线向下连环劈掌，同时两脚倒换虚实，带动左右半身转圈并倒换虚实。呼吸自然，做20次即可。（图3-111～图3-114）

图3-111 　　　图3-112 　　　图3-113 　　　图3-114

第四十六式　上下鞭捶

开步站立，摇身鞭拳。上往左，下往右，上下方向交叉，对脊椎左右扭转用劲。上为拳，下为勾拳，左右半边身体虚实倒换，练习横向的劲。呼吸自然，做20次即可。（图3-115、图3-116）

图3-115 　　　　图3-116

图3-117 　　　　图3-118

第四十七式　左右鞭捶

同上式，只是用劲方向不一样，左右鞭捶。左右鞭捶是横向发力，对胯的练习更为明显。呼吸自然、做20次即可。（图3-117、图3-118）

第四十八式　前转搓指

搓指功，是太极拳道擒拿手功夫之一。从小指开始向前转圈前撮、无名指、中指、食指、拇指，依次前搓，两手轮翻连环练习，日久功深，搭手就有。手脚同转。（图3-119、图3-120）

图3-119 　　　　图3-120

第四十九式　后转搓指

动作同上式，仅向后转搓指，反向搓之。（图3-121、图3-122）

图3-121 　　　　图3-122

图3-123 　　　　图3-124

第五十式　内扣搓指

同第四十八式，内扣手腕并随扣搓指。（图3-123、图3-124）

第五十一式　外捌搓指

同第四十八式，外捌手腕做刁手动作、随捌随刁手。（图3-125、图3-126）

图3-125 　　　　图3-126

第五十二式　左右提攥

小马步站立，也可开步站立。两手提握攥拳，头上顶吸气两手攥拳。浑身一紧，肌肉筋腱收缩。（图3-127～图3-129）

呼气两手张开、浑身放松。（图3-130）

记住一紧浑身紧，叩牙咬齿；一松浑身放松，牙关也随之放松。

图3-127 　　　图3-128 　　　图3-129 　　　图3-130

第五十三式　平伸握攥

开步站立，两臂左右平伸，手心向下，吸气手掌抓握攥紧，浑身一紧，脚趾也要抓握扣地，如图131、图132所示，再慢呼气浑身放松。（图3-133）

紧时咬牙切齿，松时喜笑颜开浑身松弛。

图3-131

图3-132 　　　图3-133

第五十四式　上举抓握

开步站立，两手上举，吸气抓握攥紧、呼气放松张开，浑身随之紧松。其他要求同上。（图3-134、图3-135）

图3-134 　　　　图3-135

图3-136 　　　　图3-137

第五十五式　前伸抓握

开步站立，两臂向前平伸、抓握攥拳，同时吸气。再伸展手指，浑身放松，随之呼气，可做20次。（图3-136、图3-137）

第五十六式　后提抓握

开步站立，两手在身后握拳攥紧，浑身紧崩，并向上提劲、吸气。手指伸展放松，呼气。可连续做20次。（图3-138、图3-139）

图3-138 　　　　图3-139

第五十七式　合臂握攥

马步蹲桩，两臂前伸，上臂下垂，前臂合臂平端，吸气攥握，呼气松开，两拳攥握的同时后背腰部一紧，尤其要感到肾区一紧，强肾极好，20次即可。（图3-140、图3-141）

图3-140 　　　　　图3-141

第五十八式　金刚贯气（一）

开步站立，两臂屈肘，两掌从下向上平提，到两掌不能再提时，尽量吸气贯满全身，再缓慢下落复原，呼气至尽。反复3次为度。（图3-142~图3-144）

图3-142 　　　　　图3-143 　　　　　图3-144

第五十九式　金刚贯气（二）

开步站立，两掌在身后上提向上吸气贯身，吸至尽头，再呼气还原。反复3次为度。（图3-145、图3-146）

图3-145 　　　　　　　　图3-146

第六十式　按摩收势

开步站立，双手按摩面部和头部各穴位，然后合掌收势。（图3-147~图3-154）

通脊功至此全部结束。每个动作若做20次，全套功法大约需30分钟。习练者只要深入研习，一定能获得满意的效果。

图3-147 　　　　图3-148 　　　　图3-149 　　　　图3-150

太极拳道：拳架与着法

图3-151  　　　　　图3-152 　　　　　图3-153 　　　　　图3-154

246

附：郑琛拳论书法

太極拳道
太極道派三丰開創
宗岳蔣發傳至趙堡
喜懷著文太極拳道
以拳入道實至名歸
天下為公合乎大道
道大無外道小無內
隨師演練體悟印證
內外兩圈靈實變化
貌柔若水馳騁堅剛
通暢無阻道行自由
古為今用洋為中用
取其精華造福萬有
中國武協德生將軍
書名賜吾太極拳道

庚子年夏發書鄭琛

太极拳道源流

拳架修煉
盤架練功體能技精
內外兩圈同步與行
上下傳遞聽物動靜
力量速度諧調反應
練萬遍舉動輕靈
拳逾三萬激發潛能
十萬八千功反神明
太極原理體悟印證
靈實變化唯道是從
柔若如水似影隨形
劃圓走圓修道行
道隱無名弗智相生
太極張顯陰陽理清
三丰宗岳薪傳真經

庚子年春撰書鄭琛

太极拳道拳架修炼

太极拳道推手白话

太极推手在意非力
两人搭手太极圈有
接手摸肘上下步走
划圈走圆循环无端
听人变化随着变化
不要硬顶要能转走
也不丢开沾粘跟上
看似没啥就象玩耍
你来我往渐知变化
拳架着法慢慢用它
不知不觉懂劲变化
越推上瘾离不开它
见面搭手转它两下
身心健康神明没啥

庚子年春摄书 郑锋

太极拳道推手白话

太极拳道散手自由

太极散手意在人先
守中进攻攻中有守
感应灵敏不招不架
打在惯性落点悬空
正隅颠倒奇正相生
以点打圈缩短距离
提高速度相对运动
打是浑身踢不失重
用跌不摔拿在转身
欲上而下忽东又西
看似在左实击其右
相对引进目的落空
灵实转环刹那瞬间
出入无阻进退自由

庚子年初墨摄书 郑锋

太极拳道散手自由

太极道诀

太极拳道以弱胜强
开宗明义变化为纲
致柔若水圆皓刻方
学力有为颠倒阴阳
修行体悟一式金刚
外合筋骨内含府藏
养生技擘相得益彰
益智生慧功德无量
法天阴阳效地柔刚
人分虚实中正平和
凝神聚气恬憺虚无
上领下坠骨节拔长
轻灵圆活顺随乃昌
道法自然柔自刻刚

癸巳年春月获庚辛春书 郑琛

太极道诀

太极拳道修炼心法

太极拳道刻做制胜
以弱胜强变化为纲
学力有为颠倒阴阳
若得精髓逆向思维
体用兼备一式金刚
划圈走圆刻服阻抗
柔心应手无形无象
得实模拟斗志昂扬
打踢跌拿技艺精良
兵行诡道战术思想
实战合一攻防一体
技不知我我独知人
英雄披靡盖由所反

乙未年六月获庚辛智书 郑琛

太极拳道修炼心法